TOUQUETIANA.

Imprimerie de P. Gueffier,
rue Guénégaud, n°. 31.

PAUL TOUQUET

Il est beau de se voir admirer, et d'entendre les gens en vous montrant, s'écrier : le voilà ! il est vivant !.......... imit. de Perse.

Lith. de Langlumé

TOUQUETIANA,

OU

BIOGRAPHIE PITTORESQUE

D'UN GRAND HOMME,

En réponse à cette Question :

QU'EST-CE QUE MONSIEUR TOUQUET?

PAR M. MOLTO-CURANTE,

Biographe à demi-solde, Membre de trente ou quarante Sociétés plus ou moins savantes.

Pulchrum est monstrari et dicier : HIC EST.
(PERSE, *Sat.*)

PARIS,

COGEZ, LIBRAIRE,

QUAI DES AUGUSTINS, Nº 51.

1821.

AVIS
DE L'AUTEUR.

Un procès un peu scandaleux, dont un premier incident est déjà soumis aux tribunaux, avait donné à M. D. L.... l'idée du *Touquetiana.* Il y a renoncé en songeant qu'il lui convenait mieux d'être vengé par la justice que par un écrit quelconque. Il allait détruire les notes qu'il avait faites sur ce grand sujet, lorsque, réfléchissant à l'intérêt que le Public porte aujourd'hui à tout ce qui concerne M. Touquet, nous obtînmes de M. D. L.... qu'il nous les abandonnât. Ce sont ces notes qui nous ont servi de jalons pour remonter à l'origine des faits que nous rapportons, et les vérifier.

Nous avons ajouté des réflexions sérieuses sur l'état d'avilissement et de dégradation où l'art si important de l'imprimerie et le commerce de la librairie tomberaient infailliblement, si d'ignares éditeurs, au lieu d'être repoussés, comme cela devrait être, par les journaux qui se respectent ; obtenaient, par leurs intrigues dans leurs bureaux, des recommandations et des encouragemens qui ne sont dus qu'au zèle et à l'instruction véritables. Avertir les propriétaires de ces journaux et les mettre en garde contre l'abus qui se fait de leur confiance, est, à notre avis, obliger eux et leurs lecteurs.

Nouvelle Collection d'ANA.

Staëlliana, 1 vol. in-18, fig. 1 fr. 50 c.
Genlisiana, 1 vol. in-18, fig. 1 fr. 50 c.
Châteaubriantiana, 2 vol. in-18, fig. 2 fr. 50 c.
Fontunesiana, 1 vol. in-18, fig. 1 fr. 50 c.
Pradtiana, 1 vol. in-18, fig. 1 fr. 50 c.
Grégoireana, 1 vol. in-18, fig. 1 fr. 50 c.

Voyages de S. M. la Reine d'Angleterre et du baron Pergami, son Chambellan, en Allemagne, en Italie, en Grèce, en Sicile, à Tunis, à Jaffa, à Jérusalem, à Constantinople, etc., pendant les années 1814, 1815, 1816, 1817, 1818, 1819 et 1820; avec des anecdotes curieuses et piquantes. Par Tarmini Almertè, Grec d'origine, attaché à Sa Majesté depuis son départ jusqu'à son retour, et témoin non-entendu dans la procédure. SECONDE ÉDITION, revue et corrigée avec soin, ornée de deux portraits au pointillé. Prix 3 fr.

TOUQUETIANA.

CHAPITRE PREMIER.

Qu'est-ce que M. Touquet? (1)

Depuis environ six mois, un météore lumineux, non encore observé, apparaît sur l'horizon.

(1) Il est reçu aujourd'hui de dire M. Touquet. On disait jadis Paul Touquet. C'est par erreur que quelques-uns ont dit Paltoquet.

D'abord visible à Paris, il n'a pas tardé à fixer l'attention de tous les astronomes politiques de l'Europe. Aujourd'hui, le monde entier suffit à peine à son activité et aux merveilles qu'il enfante. Ce phénomène, cet astre, cette planète, si ce mot peut suffire, c'est M. Touquet, éditeur de la Charte à cinq centimes.

Qu'est-ce que M. Touquet? se demandait-on naguères à Paris, à Lyon, à Marseille et à Nantes. La même question se fit ensuite à Lausanne, à Madrid, à Berlin, à Pétersbourg et à Londres. Aujourd'hui on la fait à Constantinople et au Caire.

Les souverains des diverses parties du monde, après avoir

donné à leurs ministres à Paris les instructions relatives aux grandes affaires politiques qui les occupent, ont soin d'y ajouter l'ordre de s'informer et de leur faire savoir ce que c'est que M. Touquet.

Un archimandrite, chargé de recueillir en Europe les aumônes des fidèles pour la reconstruction d'un temple fameux dans la Terre-Sainte, est convenu dernièrement, en passant à Pétersbourg, que sa mission n'était qu'un prétexte, et que le véritable objet de son voyage était de fournir à la curiosité des Indes orientales des renseignemens certains sur M. Touquet.

Nous sommes donc autorisés à

croire que nous n'aurons pas rendu un service médiocre aux curieux de toutes les classes et de toutes les parties du monde, en donnant, sur l'*homme du jour* (1), les détails qui vont suivre, et que nous tenons de la meilleure source. Mais en nous engageant à ne dire que la vérité, nous nous garderons bien de promettre toute la vérité. Les dires mémorables, les faits et gestes de M. Touquet, ne sont pas tous au pouvoir d'un seul homme. Les grandes choses qu'il a exécutées

(1) C'est ainsi que l'appelle un écrivain dont M. Touquet s'est chargé de faire annoncer et même prôner les ouvrages dans les feuilles libérales.

ne sont rien à côté de celles qu'il médite, et son histoire est peut-être destinée à n'être jamais complète ; mais ce qui est déjà connu suffirait à la réputation de plusieurs personnages.

M. Touquet nous saura gré lui-même des pas que nous lui aurons fait faire vers la célébrité. Depuis quelque temps l'amour de la renommée dévore son âme ambitieuse. Le bruit qu'a fait son édition de la Charte à un sol a développé en lui un être tout nouveau. La gloire lui a apparu avec tous ses charmes.

» Cette gloire inhumaine
» A son char éclatant en esclave l'enchaîne. »

Les articles quotidiens qu'il

lit sur son compte dans les journaux des divers partis, le font tressaillir de plaisir. Les éloges ou le blâme lui sont assez indifférens. *Tout cela fait du bruit*, dit-il, *et l'on se trouve avoir une réputation sans s'en être douté.*

Quelqu'un à qui il parlait, il y a quelque temps, de cette renommée qu'il a attrapée, lui disait assez inconsidérément, que Ramponaux avait fait encore plus de bruit que lui. « Ah, répondit-il, » je le sais bien; mais laissez-» moi faire. » Les trophées de POTIER l'empêchent de dormir, et il s'indignait, il y a quelques mois, d'être encore ignoré,

» A l'âge heureux
» Où Brunet et Bobèche étaient déjà fameux! »

Nous aurons donc également bien mérité de nos contemporains, de nos neveux et de M. Touquet lui-même, en publiant ce que nous nommons TOUQUETIANA, c'est-à-dire les pensées, les actions et les dits mémorables propres à résoudre cette grande question :

Qu'est-ce que M. Touquet?

CHAPITRE II.

Naissance et Éducation de Paul Touquet.

Si l'ordre chronologique nous eût permis de commencer notre récit par l'exposition des principaux actes de la vie de notre héros, nous serions dispensés de dire qu'il est Normand, on l'eût deviné de reste; mais l'ordre et l'usage veulent que l'on commence par indiquer le lieu de la scène; nous nous y conformerons d'autant plus volontiers, que notre intention n'est pas de laisser rien à deviner à nos lecteurs.

Paul Touquet est né, suivant les uns, dans un village voisin d'Evreux; suivant quelques autres, il serait natif de Domfront, *ville de malheur*, ainsi que l'appellent les Normands eux-mêmes. D'après cette dernière version, il serait compatriote du compère Mathieu et du redoutable père Jean, son oncle. Le prêtre Normand, qui l'introduisit en 1775 dans la société chrétienne, en lui administrant le baptême, eut l'adresse de se faire avancer aussi les frais d'enterrement, suivant une précaution que l'usage autorise en Normandie; ainsi, quelque chose qui puisse arriver par la suite, ce bon prêtre ne souffrira pas de l'émigration de son néophite.

Paul Touquet, ouvrage né d'un auteur anonyme, ne s'est jamais occupé de faire connaître, même à ses amis, les auteurs de qui il croit descendre; on n'a à ce sujet que des conjectures plus ou moins spécieuses; la seule chose qui soit constante, c'est que tous les paysans des environs de Domfront, à cinq lieues à la ronde, l'appellent *Mon cousin.*

L'éducation de Paul Touquet n'eut rien de particulier. Longtemps abandonné aux soins de la providence, il ne reçut d'autre instruction que celle donnée à ses cousins. Le soin des animaux domestiques de la maison où il était nourri, lui fut confié. Il les suivait aux champs, les ramenait le soir à l'étable, et se formait ainsi, dès l'enfance, aux occupations champêtres et aux travaux domestiques. Nourri et vêtu avec une économie digne de l'âge d'or, *il grandit dans sa force et dans sa liberté* comme le héros de Shakespear; ainsi, n'ayant rien dû à ses parens pour son éducation morale, on peut dire de lui à la lettre :

Il est de ces mortels, favorisés des cieux,
Qui sont tous par eux-même et rien par leurs ayeux.

Parmi les quatre ou cinq mille cousins dont se composait la famille de Paul Touquet, il s'en trouvait un, revêtu d'une charge d'huissier au présidial de Domfront. Les traits de malice et de spirituelle finesse, que l'on remarque dans sa physionomie, fixèrent son attention et son intérêt. Il avait besoin d'un domestique, et jugea qu'il ne pouvait mieux répandre ses bienfaits que sur un parent. Paul Touquet fut adopté; et le cousin, dans ses heures perdues, lui apprit à lire et à écrire comme il lisait et écrivait lui-même.

Le dit cousin avait pour habitude de tenir le soir, chez lui, des conférences avec ses confrères :

là, l'on examinait le fort et le faible de tous les actes passés entre les habitans du pays, les termes des clauses, en quoi elles pêchaient, et comment elles pouvaient être élu dées; de combien de manières elles pouvaient être interprêtées; ce que l'on pouvait faire à l'appui d'une mauvaise cause et pour faire perdre les bonnes. Tout était proposé, discuté et arrêté dans ces conciliabules de chicane. Lorsque le service de la maison était terminé, le cheval pansé et les souliers du cousin bien graissés, Paul Touquet avait la permission d'assister aux conférences du cousin. C'est là qu'il puisa ses connaissances en jurisprudence; c'est là qu'il étudia les coutumes de Normandie, et se forma, comme on dit, le cœur et l'esprit.

Paul Touquet avait déjà passé huit ans chez son cousin, frottant les meubles et les souliers, pansant son cheval, copiant les avenirs et les cédules, grossoyant et verbalisant avec un égal succès, lorsqu'une fredaine, dont nous parlerons plus tard, occasionna une querelle, la querelle une correction sévère, et la correction la fuite de Paul Touquet et sa disparition de la maison hospitalière où il avait passé ses premières années.

CHAPITRE III.

Portrait et Caractère de Paul Touquet.

CEUX des Normands qui sont vraiment honnêtes, délicats et probes, et qui joignent à ces qualités de la gaîté et de l'esprit, sont les premiers à rire des mauvaises plaisanteries dirigées en général contre les Normands; mais beaucoup d'autres, qui n'ont pas les mêmes raisons d'en rire, font comme ceux qui ont de la délicatesse et de l'esprit, afin de persuader qu'ils en ont eux-mêmes. Paul Touquet est de ces derniers. Il n'est pas de tour d'adresse ou d'escobarderie attribué aux Normands, qu'il ne sache par cœur et ne récite avec orgueil. Il raconte même les siens, et surtout ceux des siens qu'on pourrait avoir appris par quelque autre voie. Il a soin d'en charger les détails de manière à les rendre invraisemblables et à persuader que tout est plaisanterie. En se prêtant un peu à sa malice, on peut lui faire conter toute sa vie à lui-même. Pour réduire ensuite le tout à l'exacte vérité, il n'y a plus qu'à supprimer la charge toujours grossière sous laquelle il s'est efforcé de l'étouffer.

Paul Touquet est toujours riant, mais il ne rit pas comme les autres. Son rire est une longue convulsion qui a souvent donné à ses amis des craintes sérieuses sur les suites qui pouvaient en résulter. C'est surtout des traits spirituels qui lui échappent, que notre héros aime à rire; mais, comme tous les auditeurs en sont rarement frappés au même degré que lui, il se persuade qu'il n'y a qu'à rire plus fort pour faire rire les autres. On l'entend alors des maisons voisines, et quelquefois de la rue, où il n'est pas rare de voir des passans s'arrêter pour s'informer de ce qui est arrivé dans la maison où il demeure. Les gens du quartier sont aujourd'hui au fait, et répondent tout simplement : *C'est M. Touquet, éditeur de la Charte à cinq centimes, qui vient de rire.* Moyennant cet avis, l'expectoration de sa gaîté est aujourd'hui sans inconvénient.

Pour ce qui regarde le physique, Paul Touquet est un grand, gras et gros gars d'environ cinq pieds six pouces. S'il pouvait se défaire de son allure un peu plus que campagnarde, on le prendrait pour un bénédictin en activité de service. Son portrait, que l'on voit en tête de cet écrit, est de la plus grande ressemblance, quoique un peu flatté. Le beau garrick, à collet de velours, qu'il a sur ses épaules, lui donne un air de ville qui contraste un peu avec les grâces natives qui lui sont restées. Ses gestes habituels, sa contenance, son ton, prouvent évidemment que ce garrick, dont nous verrons plus bas l'histoire, n'a pas été fait pour sa taille, et dénoncent presque l'événement qui l'en a rendu porteur, en attendant qu'il en soit propriétaire.

La conversation de Paul Touquet est tantôt un flux d'articulations précipitées qui se dévorent successivement en s'efforçant de se produire ; tantôt une lente série d'expressions, dont chacune a l'air d'attendre l'idée à laquelle elle doit un jour appartenir. Lorsque cette idée tarde trop, Paul Touquet coupe sa phrase par des pauses ou des intermèdes fréquens ; il boit un coup, avale un morceau, appelle son chien ou sa servante, fait une caresse à l'un, donne un ordre à l'autre, puis ajoute un mot au discours commencé auquel l'auditeur ne songeait plus depuis long-temps. Par ce moyen, on n'entend Paul Touquet ni quand il parle vite, ni quand il parle doucement : mais personne ne s'en plaint, et, pour éviter le temps perdu, personne n'écoute Paul Touquet.

On accuse les Gascons et les Normands d'être menteurs. Il faut se méfier des imputations généralisées, quoiqu'elles soient quelquefois basées sur l'observation. On dit, par exemple, qu'en fait de mensonge un Manceau vaut un Normand et demi ; c'est-à-dire, que le nombre de ses menteries est à celles d'un Normand comme trois est à deux ; mais personne n'a osé établir une proportion entre ceux de Paul Touquet et ceux de qui que ce soit au monde. On chercherait en vain à expliquer par des causes morales son antipathie pour la vérité ; c'est dans le sang que les physiciens doivent chercher les causes de ce phénomène. Paul

Touquet est menteur, comme un autre est bancal ou bossu. On ne le lui reproche pas, par suite de cette espèce de pudeur qui défend de parler aux gens de leurs infirmités naturelles.

Paul Touquet n'est au fond ni bon, ni méchant ; sa seule passion autrefois était celle de l'argent. Une seconde, plus noble, vient de lui survenir pour la gloire et la renommée, et tout présage que ni l'une ni l'autre n'auront été des passions malheureuses.

CHAPITRE IV.

Paul Touquet apprend l'état d'Imprimeur.

Nous avons dit que Paul Touquet avait quitté son cousin l'huissier ; il est temps de dire que la querelle qui amena cette défection était survenue à l'occasion d'un compte de frais que le jeune homme avait fait et terminé avec un client du cousin sans en parler à ce dernier. On s'apercevra plus tard que l'article des comptes est l'écueil où viennent échouer les liaisons de Paul Touquet. La correction, un peu brutale, qu'il recut pour cette première fois, le dégoûta de la dépendance. Il quitta Domfront avec son modeste bagage et vint se présenter à un imprimeur d'Evreux, de qui il obtint la permission d'assister aux travaux typographiques de son atelier, afin d'éprouver ses dispositions pour la culture des belles-lettres. Son goût pour ce genre de travail se développa promptement, et au bout de quelques mois un jeune *singe* ayant abandonné l'imprimerie, Paul Touquet fut installé à sa place. Pour l'intelligence de ce fait il convient d'apprendre à ceux qui l'ignorent, qu'en termes d'imprimeur un singe est un ouvrier à la case, comme un ours est celui qui travaille à la presse.

Paul Touquet fut successivement singe et ours; mais une querelle qu'il eut encore avec le *naïf* (c'est ainsi qu'on appelle le maître d'une imprimerie), le décida à chercher mèche (1) ailleurs.

Pendant qu'il cherchait, un cousin un peu plus proche que

(1) L'ouvrier qui cherche de l'ouvrage dans une imprimerie, s'adresse au *naïf* ou au prote, et lui demande s'il y a *mèche*. Combien de choses on apprend en suivant Paul Touquet!

ceux de Domfront vint à mourir et laissa à Paul Touquet un héritage de 275 francs, qu'il toucha sans difficulté. La tête fallit tourner à notre héros à l'aspect de cette somme. Comme le savetier du bon La Fontaine, il crut voir en la voyant,

» Tout l'argent que la terre
» Avait, depuis plus de cent ans,
» Produit pour l'usage des gens. »

Désir lui vint d'être *naïf* à son tour et de renoncer à la société des singes et des ours. L'occasion parut s'en présenter quelques jours après, et notre homme se prépara à en profiter.

Un pauvre imprimeur venait de mourir, laissant à sa famille quelques cases assez mal garnies et une mauvaise presse. Paul Touquet se persuada que cela suffirait pour commencer son état; mais, hélas! l'imprimerie monta au prix énorme de 380 francs. C'est-à-dire que pour couvrir l'enchère, il fallait beaucoup plus que notre homme ne possédait. Il se trouvait très-contrarié de cette circonstance, lorsqu'il aperçut dans un coin de la salle où se faisait la vente, un *ours* de ses amis, qui lui parut être venu, comme lui, pour acquérir l'imprimerie, et qui peut-être se trouvait arrêté par la même difficulté. Il l'aborde, et après s'être assuré qu'il ne s'était pas trompé, il expose à son ami ses projets d'établissement. A l'instant un arrangement fut proposé, agréé et exécuté. Le fonds de boutique fut acheté en commun, et les deux nouveaux *naïfs*, pour éviter l'inconvénient de la banque qu'il faut faire tous les samedis aux *ours* et aux *singes* d'une imprimerie, convinrent de s'en passer et de travailler eux-mêmes, savoir Paul Touquet à la case, et son ami à la presse.

CHAPITRE V.

Accident.

Il y avait quatre mois que les deux assosiés étaient établis, lorsqu'ils s'aperçurent que pour être imprimeur il ne suffisait pas d'avoir des cases et du caractère. Ils n'inspiraient pas au public assez de confiance pour faire arriver l'ouvrage, et quelques pauvres *bilboquets* à confectionner ne pouvaient pas suffire à l'entretien de deux *maîtres.* La besogne vint à manquer complètement, quelques pauvres diables de créanciers vinrent les tourmenter. Réunis au propriétaire qui réclamait le paiement de ses loyers, ils forcèrent nos gens à faire ce qu'on appelle *fondre la cloche.* On vendit avec perte le peu que l'on avait acheté en commun ; et pour terminer cette déplorable aventure, les associés voulant régler entre eux quelques petits intérêts, qu'ils désiraient sauver du naufrage, ne tombèrent pas d'accord sur les dispositions et se prirent aux cheveux avec un tel acharnement, qu'on eut beaucoup de peine à les séparer. Pendant le combat une chaudière dans laquelle ils faisaient bouillir de l'huile grasse pour faire encore une fois de l'encre d'imprimerie, se trouvant abandonnée, l'huile vint à monter, comme cela arrive toutes les fois qu'on n'est pas là pour rallentir le feu au besoin; le feu gagna le liquide et dans un moment embrasa un cabinet heureusement écarté de la maison. La masure où se faisait l'huile fut entièrement détruite, et nos gens, poursuivis pour cette nouvelle dette, obligés à quitter le pays.

CHAPITRE VI.

Paul Touquet voyage.

Recommandé par ses anciens camarades, les *singes* et les *ours* d'Evreux, Paul Touquet erra quelque temps de ville en ville, défrayé par les compagnons du devoir auxquels il était associé. Arrivé à Gisors, on lui persuada qu'il pourrait y vivre en faisant pour la garde nationale le métier de remplaçant. Il vécut, en effet, quelque temps de cette manière, et acquit même, en fréquentant les corps-de-garde, ces grâces de langage et ces expressions délicatement décentes, que louent en lui ceux qui le cultivent.

Cependant le gouvernement venait de former, de plusieurs corps de troupes réunis, une grande armée, qui, sous le nom d'armée d'Allemagne, fut confiée au général Aug..... qui alla établir son quartier-général à Strasbourg.

Parmi les officiers qui furent envoyés à cette armée, se trouvait alors à Gisors un chef de bataillon aide-de-camp du général Thureau. Cet officier, aujourd'hui le général Bl....., avait accueilli avec bonté Paul Touquet à Gisors. Il était malheureux et son compatriote; ces deux titres lui valurent l'appui de ce militaire, qui l'engagea à se rendre au quartier-général, lui promettant de l'appuyer, au besoin, de sa recommandation, et de travailler à le faire employer dans quelque bureau de l'état-major.

Docile à ce conseil, Paul Touquet arriva à Strasbourg et s'adressa directement à M. D. L....... propriétaire d'un petit bien dans les environs de Gisors, lequel, sur l'invitation de M. Bl..... promit de l'aider de son crédit et de ses moyens.

M. D. L..... ne crut pas pouvoir réussir à faire incorporer alors Paul Touquet dans l'armée active. Il n'avait jamais servi et n'avait de militaire que son frac de remplaçant. Sa bravoure, d'ailleurs, n'était pas encore développée, et il paraissait très-peu appelé au genre d'affaires que nos bataillons avaient à traiter. Son écriture valait mieux que celle de la plupart de ceux qui ont été élevés comme lui, et l'on ne désespéra pas de l'employer, comme copiste, dans les bureaux. Mais la paix de Campo-Formio, qui arriva dans ces entrefaites, renvoya aux calendes grecques les espérances de Paul Touquet et de ses protecteurs.

On lui procura quelque secours et des vêtemens présentables, pour le consoler d'autant, de la place que lui faisait perdre la dislocation de l'armée.

Pendant son séjour près des états-majors, Paul Touquet avait contracté une habitude dont il ne s'est jamais défait depuis, ce qui prouve qu'elle a des avantages pour ceux qui peuvent s'en accommoder. Il était ce que des gens plus véridiques que polis ont appelé un *flaneur*, c'est-à-dire, de ces hommes qui rôdent autour des bureaux des états-majors et de tous les lieux où l'on peut apprendre quelles sont les nouvelles du jour, les opérations que l'on prépare, et les démarches à faire pour en profiter (1). Il affectionnait surtout les journalistes et les commissaires des guerres. Il sortait de chez eux, ayant toujours quelque extrait de lettres ou quelque note à montrer. Il leur reportait en échange, et dès le lendemain, ce qu'il avait appris de son côté; et les nouvelles qu'il portait étaient d'autant plus fraîches, que la plupart du temps il les faisait lui-même.

Pour donner à ces nouvelles la vraisemblance dont elles man-

I

(1) L'heure du dîner était, on ne sait pourquoi, celle où il faisait plus volontiers ses visites.

quaient, Paul Touquet avait soin d'y ajouter quelques circonstances ou quelques particularités échappées à la confiance de ceux qu'il venait de voir; et au risque de les compromettre, comme cela lui arriva souvent, il parvenait à donner à ses communications une importance en échange de laquelle il obtenait, des journalistes, des articles ou des annonces qu'il savait faire payer à ceux qu'elles intéressaient. On verra bientôt qu'il n'a pas renoncé à cette méthode.

C'est ce commerce de Paul Touquet, qui fut ruiné par la publication de la paix et la dislocation de l'armée. Tout ce que ses protecteurs purent faire pour lui, se réduisit à lui obtenir une place de garçon de bureau à l'administration centrale du département de la Roër, à Cologne.

CHAPITRE VII.

Paul Touquet reprend l'Imprimerie.

Les écrivains attachés aux principes de liberté publique crurent que la paix dont on allait jouir, allait offrir une occasion favorable pour établir ou consolider les institutions libérales, et plusieurs journaux s'établirent dans ce but et avec cette intention.

M. D. L....., l'un des plus

constans amis de ces idées, avait fait venir à Neuwied, sur la rive droite du Rhin, une imprimerie française. Bientôt après, il y fonda un journal auquel il donna le titre de *Mercure du Rhin*. C'est cette même feuille qui passa des mains de M. D. L..... en celles du jeune Lassau de Comblens, et ensuite dans celles de M. Gœrres, qui l'a rendue célèbre.

Nous citons tous ces faits, que quelques-uns trouveront indifférens à notre sujet, pour que l'on n'oublie pas, et que l'on puisse au besoin s'assurer que tout ce récit est purement historique et doit tirer tout son intérêt de la vérité.

M. D. L.... en cette occasion, ayant besoin d'ouvriers, se souvint qu'il y avait dans les bureaux de Cologne un singe qui au besoin pouvait servir d'ours, et qui joignait à ses autres qualités celle d'affectionner particulièrement l'état de nouvelliste. Il avait lu plusieurs lettres dans lesquelles le pauvre Paul Touquet déplorait l'état d'abstinence auquel le condamnait la modicité du traitement attaché aux fonctions de garçon de bureau, abstinence dont il avait perdu l'usage à la suite des divers états-majors, et dont il lui paraissait dur de reprendre l'habitude.

M. D. L.... l'appela à Neuwied où de bonnes pommes de terre

bien grasses et l'excellente bierre dont il usait à discrétion, lui rendirent bientôt sa pristine corpulence.

Lorsqu'il abandonna la rédaction du *Mercure du Rhin*, le propriétaire, qui n'avait pas alors à s'en plaindre, eut soin de l'indemniser du tort que lui faisait la suspension de son travail; il lui offrit ses bons offices près de l'administration de la Roër, pour le faire rentrer dans sa place; mais Paul Touquet ne s'en étant pas soucié, on se chargea des frais de son retour en France. Madame D. L... le défraya jusqu'à Paris, et après lui avoir fait un cadeau honnête, lui souhaita toutes sortes de prospérités.

Paul Touquet revenait voir cette dame de temps en temps, et chaque fois lui empruntait de légères sommes d'argent qu'il lui rendait quelquefois; quelquefois aussi il s'en abstenait, supposant apparemment qu'elles n'en valaient pas la peine.

Au prêt de ces petites sommes Madame D. L.... joignit celui de quelques meubles de peu de valeur, dont elle pouvait se passer; mais elle en prêta aussi sur la restitution desquels elle compta mal-à-propos. Nous ne parlerions pas des trois paires de rideaux en percale, que P. Touquet lui emprunta, pour attendre, disait-il, ceux qu'il faisait venir de *chez lui*, si cet emprunt ne caractérisait pas notre héros par les suites qu'il eut. Il y a de cela plus de vingt ans, et malgré de fréquentes réclamations de la dame D. L.... ces rideaux sont encore appendus dans la salle à manger de Paul Touquet. Il dit pour ses raisons, que, les ayant fait blanchir pendant vingt ans, ils lui ont plus coûté qu'ils ne valent aujourd'hui, et qu'il faut l'indemniser de ces dépenses, si l'on veut qu'il les rende.

CHAPITRE VIII.

Paul Touquet embrasse successivement plusieurs professions.

Pendant les deux années qui suivirent l'arrivée de Paul Touquet à Paris, il fit plusieurs voyages à Evreux, et embrassa plusieurs professions : il acheta une imprimerie à crédit ; mais l'ayant revendue peu de temps après au comptant, cette opération paraît devoir plutôt être rangée parmi les affaires de commerce, que considérée comme un projet d'établissement.

Paul Touquet acheta encore une charge d'huissier, dont il se défit de même au bout de quelques mois. Enfin il établit à Paris une agence d'affaires, pour laquelle il sollicita la confiance des plaideurs et des rentiers. Il ne paraît pas que la fortune se soit empressée de justifier les espérances de cet administrateur officieux, et bientôt il s'occupa de chercher un autre état.

Le bruit s'étant répandu un jour, à Evreux, que quelques chouans avaient paru dans les environs, Paul Touquet rêva qu'il avait été au-devant d'eux avec une douzaine d'habitans qui ne s'en souviennent pas, et qu'il avait battu les brigands dans une rencontre dont personne ne se souvient davantage.

Paul Touquet assurait, à son retour à Paris, que ses camarades enchantés des talens et de la bravoure qu'il avait déployés en cette occasion, l'avaient nommé leur lieutenant sur le champ de bataille. Il concluait de ce rêve qu'il serait facile, en cette considération, de le faire en effet nommer officier, et de l'attacher au service, qui commençait à lui plaire depuis la paix.

Plein de cette idée, il revint voir Monsieur D. L...., qui lui donna une lettre de recommandation pour le général Dufour, dont l'état-major était à Cologne. Il y avait environ six semaines que monsieur D. L..... lui avait donné cette lettre, lorsque le général D. F. lui renvoya Paul Touquet avec un brevet d'officier, qu'il avait obtenu pour lui, et un congé illimité pour aller où il voudrait, ne se souciant pas de le garder près de lui, et ne voulant pas surtout lui laisser montrer son épaulette à Cologne, où la place de garçon de bureau qu'il y avait occupée ne le recommandait pas d'une façon assez militaire. Paul Touquet était porteur de la lettre suivante du général à monsieur D. L...:

Cologne, du 12 floréal an 7.

» Vous allez revoir, mon bon » ami, le *brave* Touquet pour » qui j'ai obtenu le brevet que » vous avez sollicité; nous ne » l'avons pas gardé ici, parce que » ses talens militaires s'y seraient » trouvés enfouis. D'ailleurs, ce » guerrier doit avoir besoin de » repos. Je vous le renvoye donc » et vous prie de me continuer » votre bon souvenir et votre » amitié.

» *Signé* DUFOUR. »

Comme il s'agit à présent d'un homme porté sur les contrôles militaires en qualité d'officier, les égards que l'on doit à l'armée nous obligeront à supprimer comme trop familière la désignation de Paul Touquet, pour y substituer le titre de *Monsieur*, que notre héros commença en effet à porter à cette époque. Notre qualité d'historien nous en impose d'ailleurs l'obligation, puisqu'il importe qu'on ne croye pas parler de deux personnes différentes, en distinguant M. Touquet éditeur de la charte à 5 centimes, du Paul Touquet qui florissait dans les dernières années de la république.

M. Touquet eût pu vivre honnêtement à Paris, ou ailleurs, de son traitement militaire; mais l'inaction lui a toujours répugné. Il acheta une charge d'avoué à

Evreux; mais au grand étonnement de toutes ses connaissances, au lieu de se fixer dans cette ville pour y exercer ses nouvelles fonctions près le tribunal, il revint à Paris et s'efforça d'y rétablir son cabinet d'agence contentieuse et administrative. Son titre d'avoué lui servit à former des liaisons avec des gens d'affaire de toute espèce. Son obsession auprès des bureaux des ministères et des greffes de la capitale devint plus remarquable. Il paraît que son nouveau genre de travail lui avait déjà procuré d'assez bonnes aubaines. Son mobilier s'embellit et il parvint à se former une bibliothèque plus nombreuse qu'on ne s'attendait à la voir chez un homme qui ne fait pas son état d'occupations littéraires.

Logé d'abord rue Montmartre au coin de la rue du Bout-du-Monde, il changea tout-à-coup son domicile pour le transporter rue Ste.-Avoie, où M. Jacoteau, avoué à la Cour d'appel, lui loua un appartement bien inférieur à celui qu'il venait de quitter. A cette nouvelle, son crédit parut baisser, et ce qui suivit prouva qu'il désespérait de pouvoir jamais s'établir solidement dans la confiance des Parisiens.

On ignore ce que M. Touquet fit de sa charge d'avoué ; mais on sait qu'à cette époque il voulut user de quelques lettres d'indulgence qu'il tenait du général

Duf... pour obtenir la croix d'honneur. Le commis auquel il s'adressa dans les bureaux de la guerre, ne connaissait de lui que ses actes d'huissier, et ce genre d'exploits n'était pas encore assimilé à celui des braves. On refusa la croix d'honneur.

Cependant le général (alors colonel) Bl...., venait de recevoir l'ordre de conduire son régiment à Neuf-Brissac et se disposait à se rendre dans cette garnison, lorsque le quartier-maître de son corps vint à mourir.

M. Touquet, toujours à l'affût des plus petits événemens, apprit cette nouvelle et résolut d'en profiter. Il se rendit à Paris chez le colonel, lui rappela l'espèce d'intérêt qu'il lui avait autrefois témoigné à Gisors et au quartier-général de Strasbourg ; enfin lui demanda la place du défunt quartier-maître.

M. Bl.... consentit à en faire la demande au ministre, obtint que M. Touquet fût nommé quartier-maître de son régiment; et comme cette place, purement administrative, ne demande pas absolument les mêmes preuves que les autres, non-seulement M. Touquet, reçu lieutenant six mois avant, en fut revêtu; mais encore il se trouva capitaine, parce que ce grade est à-peu-près régulièrement affecté au poste de quartier-maître. On commença donc alors à dire

M. le capitaine Touquet. Au reste, ce titre ne le rendit pas plus considérable aux soldats. Ces messieurs n'accordent leur approbation qu'à l'avancement obtenu par des actions d'éclat. Le ton campagnard de M. le capitaine Touquet ne leur agréa pas, et ils avaient coutume de dire, dans leur style original et en parlant de lui, *que malgré qu'il s'efforçât de faire le monsieur, on voyait bien qu'il n'y avait pas loin de chez lui à la campagne.*

CHAPITRE IX.

M. Touquet va à la guerre.

Le colonel Bl...., nommé général dans la campagne qui suivit l'époque dont nous venons de parler, reçut de M. Touquet une nouvelle demande. Celui-ci, mal vu dans son régiment, où le corps des officiers désirait introduire à sa place un officier plus connu, était abreuvé de déboires et ne demandait pas mieux que de trouver une occasion de s'en retirer avec le moins de scandale possible. Il espérait qu'à raison de ses bontés passées, le général Bl.... voudrait bien ne pas l'abandonner et l'appeler à son état-major. M. Touquet avait eu souvent occasion d'observer que certaines places d'état-major n'exigent pas la même activité et n'exposent pas aux mêmes périls que courent presque tous les autres officiers de l'armée. Le général Bl...., saisissant mal les motifs de M. Touquet, crut bien faire de lui accorder au-delà de ses espérances, et il le demanda pour aide-de-camp au ministre de la guerre, qui ordinairement ne refuse pas ces sortes de grâces.

M. Touquet ne fut pas long-temps à s'apercevoir qu'il n'était pas à sa place. Le général près duquel il servait, était parvenu à son grade en fréquentant le plus possible les lieux que M. Touquet évitait avec le plus de soin. Toujours placé par son choix aux postes les plus périlleux, le général y conduisait son aide-de-camp, qui s'efforçait en vain de se tenir à une distance respectueuse de son chef. Celui-ci commença par en plaisanter; mais lorsqu'il n'y eut pas moyen de cacher aux yeux des autres les motifs de répugnance qui écartaient le subalterne de son commandant, précisément dans les momens où celui-ci avait le plus besoin d'être secondé, la mésintelligence survint là où il faut une obéissance passive, et M. Touquet fut invité à chercher un autre poste. En attendant qu'il pût trouver ce qu'il lui fallait, il continua à obséder les divers bureaux administratifs, et fut même employé en diverses occasions comme adjoint aux commissaires des guerres. M. Touquet amassa plus d'argent dans ce genre de service, qu'il n'avait recueilli de gloire dans ses fonctions d'aide-de-camp. Il se serait volontiers résigné à ce nouvel état, mais les circonstances ne lui furent pas favorables, et la ville de Stetin fut le dernier théâtre de ses opérations pacifico-militaires.

Il revint encore une fois à Paris et reprit son appartement de la rue Sainte-Avoie.

Le général Turreau était revenu dans cette capitale après avoir fait sa route du Simplon. M. Touquet lui avait jadis été présenté par M. Bl.... alors son aide-de-camp. Son retour offrait à M. Touquet de nouvelles chances dont il sut profiter.

Le général Turreau n'était plus jeune, il était d'ailleurs assailli de douleurs rhumatismales qui le fixaient dans son hôtel, où il passait les jours et les nuits; des chagrins domestiques et des procès fâcheux lui ayant été suscités dans ses vieux jours par une personne qui eût dû lui être chère, M. Touquet remplissait dans sa chambre à coucher les fonctions d'aide-de-camp, et dans les tribunaux celle de solliciteur et d'agent d'affaires. Ses anciennes fonctions d'huissier et d'avoué lui rendaient plus faciles les soins dont le général Turreau avait besoin, et ses différends avec la personne dont nous avons fait une légère mention plus haut, lui rendirent précieux les services d'un homme auquel aucune fonction ne répugnait. Il n'est personne de la connaissance de M. Touquet, qui n'ait vingt fois entendu de sa bouche, avec les accompagnemens de son rire ordinaire, le récit d'une catastrophe où une femme dont il s'était constitué le gardien, s'efforçant de franchir le mur d'un jardin dont elle ne pouvait sortir, tomba du haut de ce mur dans la rue et faillit se tuer aux yeux de M. Touquet, qui alla la saisir et la faire rentrer, *comme Petit-Jean* saisit et renferme Perrin Dandin dans la comédie des *Plaideurs.*

Cependant le général Turreau obtint de servir, malgré l'état de sa santé, et fut envoyé à Vurtzbourg, où il commanda pendant les deux dernières campagnes de Bonaparte. M. Touquet, nommé de nouveau son aide-de-camp, fit à son état-major le double service de copiste et de garde-malade. Ces fonctions, douces et paisibles, remplissaient alors son ambition, lorsque la tournure des affaires commença à devenir inquiétante pour la France. Le général Turreau eut besoin d'envoyer à Bonaparte un courrier qui pût lui donner de bouche des renseignemens qu'il n'eût pas été sage d'écrire, le courrier pouvant être intercepté.

M. Touquet se fit charger de ce message, et copia les lettres, qu'il fit signer au général, et dont lui-même allait être porteur.

Si nous devions à la confiance de M. Touquet la particularité que nous allons ajouter ici, nous nous croirions obligé au silence; mais comme en certains momens il s'en vante lui-même, et que souvent ses amis se sont crus obligés de lui représenter les inconvéniens de son indiscrétion, nous ne dirons rien qui ne soit connu de beaucoup de monde et que ne réclame la fidélité historique.

Nous dirons donc qu'un certain Post-Scriptum de la lettre du général Turreau, écrite par M. Touquet, recommandait à l'Empereur le capitaine aide-de-camp porteur du message, et demandait pour lui le grade de chef de bataillon et la croix d'honneur. M. Touquet convient lui-même qu'en le voyant revenir avec cette double grâce, son général marqua au moins autant de surprise que de satisfaction.

On a vu précédemment comment M. Touquet de lieutenant avait été fait capitaine, et par quels genres de services il avait obtenu cet avancement. On vient de voir comment de capitaine il avait été fait chef de bataillon et membre de la légion d'honneur, il est facile de conclure de ces deux faits que M. Touquet est un militaire comme il n'y en a pas; et il sera permis de douter que l'armée dont il a fait partie eût opéré tant de prodiges, si tous les grades eussent été gagnés comme les siens.

Au reste, s'il y a dans son affaire un peu plus d'intrigues que de mérite militaire, nous n'entendons pas lui en faire un crime. Chacun se sert de ses armes et de ses moyens. M. Touquet serait le premier à demander aux gens qui lui reprocheraient sa conduite, ce qu'ils ont gagné avec leurs principes d'honneur et de patriotisme.

Nous ne suivrons pas M. Touquet dans les *cent jours*, parce que cette matière devient très-délicate. Nous voulons bien détromper les hommes crédules qui se laissent éblouir par un nom que le hasard a mis en vogue; mais tout ce qui aurait ou pourrait prendre la couleur d'une délation dangereuse pour l'homme signalé, ne conviendrait ni à nos principes, ni aux seuls lecteurs à qui nous nous adressons.

Nous croyons même qu'il sera également utile à M. Touquet, et conforme à la vérité, de certifier, comme nous pouvons le faire, que les alliés envahisseurs de la France, n'ont pas eu d'ennemis moins dangereux, ni les Bourbons d'adversaires plus inoffensifs. *Flaner* (comme on a dit plus haut) autour des états-majors, voilà tout ce qu'il s'est permis pour appuyer l'usurpateur. Si l'ancien ministre de la police (*M. Fouché*) l'a nommé colonel au moment du dénoûment, et si quelques bonnes gens ont la piété de croire que ce fut pour le récompenser de son zèle contre la coalition, d'autres pourront bien aussi y voir la preuve de son dévoûment au pouvoir du jour, qu'il croyait plus solide, et de l'inactivité réelle dont M. Fouché avait alors besoin pour le double rôle qu'il avait à remplir.

Nous ne suivrons pas davantage notre guerrier depuis la rentrée du Roi. Devenu un peu suspect à raison des idées qu'on lui suppose, il s'est rapproché des *officiers d'état-major* chargés de le surveiller. Il a mérité du gouvernement actuel une confiance, que nous n'entendons pas ébranler; mais il a depuis cette époque formé des entreprises et acquis une célébrité dont nous devons établir et faire connaître les moyens, puisque de cette célébrité est née la question que nous nous sommes chargé d'éclaircir: qu'est-ce que M. Touquet?

CHAPITRE X.

Nouvelle affaire de M. Touquet.

M. Touquet, qui, comme nous l'avons établi, s'est toujours attaché à conserver des habitudes près les divers bureaux où se font les affaires des particuliers, en avait conséquemment auprès des libraires. L'entreprise de Girardin pour les tables du Moniteur, entreprise qui n'exige qu'un peu de soin, lui parut devoir devenir fructueuse. Il s'était associé avec de pauvres diables, amis du travail, et avait avec leur secours fait une suite à l'ouvrage de Girardin ; c'est la seule besogne utile dont on puisse le louer, et nous nous hâtons d'en saisir la rare occasion.

Dans le commencement de l'année 1820, madame Agasse, propriétaire du *Moniteur*, jugea qu'il lui convenait de suivre de nouveau cet ouvrage, et avant tout de remplir un arriéré de huit ans qui restait à combler. On lui parla de M. Touquet, dont l'ouvrage précédent attestait la capacité pour ce qui n'exige ni esprit ni talent. Elle abandonna une très-grande partie du bénéfice à ceux qui seraient chargés de l'ouvrage, et se soumit à n'en être que l'éditeur à-peu-près désintéressé, aux conditions cependant qu'elle jugea devoir convenir à ses souscripteurs.

Par les arrangemens mis en avant, M. Touquet devait se charger de payer à son compte tous les collaborateurs dont il dit avoir besoin pour achever ce travail en très-peu de mois; mais ces frais pouvant être assez considérables pour lui, il annonça qu'il était disposé à partager les bénéfices de son opération avec celui qui consentirait à faire avec lui les avances nécessaires.

Cette proposition n'ayant rien

que d'honnête, pouvait aussi tenter un spéculateur honnête, et M. Bidault, directeur du *Moniteur*, offrit de partager, avec M. Touquet, les charges et les bénéfices de l'entreprise. Comme cette affaire est à-la-fois l'origine et la base de celles qui ont valu à notre héros le grand nom qu'il exploite en ce moment, nous croyons devoir en bien déterminer les développemens.

Au moment où cette affaire se traitait, arriva à Paris le même M. D. L...... qui avait jadis employé Paul Touquet à son imprimerie de Neuwied en qualité de singe ; le même dont la femme avait ramené le susdit Paul Touquet à Paris, lui avait prêté diverses petites sommes, divers meubles nécessaires à son ameublement, et entre autres les trois paires de rideaux qui sont encore appendus dans la salle à manger de M. Touquet, et qui y resteront, à ce qu'il a déclaré, jusqu'à ce qu'on lui paye les frais de blanchissage qu'il a avancés pour eux depuis vingt ans.

M. D. L..... fut bien aise, en arrivant, de retrouver son ancien singe devenu un homme presque important. Après avoir été persécuté par la fortune, avoir erré pendant plus de cinq ans dans les pays étrangers, avoir été pillé à plusieurs reprises dans les divers lieux où l'état de persécution sous lequel il gémissait l'avait mis à la merci des hommes, M. D.L....revoyant enfin sa patrie croyait pouvoir oublier tous ses malheurs; il avait peut-être des droits à l'intérêt de ceux du moins dont depuis trente ans il partageait les principes et les travaux; mais il en avait incontestablement à l'attachement de M. Touquet.

M. Touquet témoigna en effet, dans les premiers temps, à son ancien patron, une bienveillance et un dévoûment dont le premier fut touché au point d'oublier en cette considération la résolution qu'il avait prise, en rentrant en France, de rester étranger à tout ce qui avait rapport à la politique.

M. Touquet engagé d'abord dans l'entreprise du Moniteur, avait résolu d'y joindre la rédaction d'un journal. Il proposa à M. D. L...... de s'en charger, offrant de s'occuper pour son compte de toute la besogne relative à l'expédition et à la comptabilité. A l'appui de cette proposition, il présentait un tableau de ses relations et de ses moyens, fort propre à décider un homme que sa position pressait de se déterminer promptement.

Les entraves apportées par une loi nouvelle à la liberté, et même à la circulation des journaux, ne permettaient pas à M. D. L..... de compter sur l'indépendance dont il eût eu besoin pour un ouvrage de celte nature; mais la presse étant en principe déclarée libre, il offrit à M. Touquet, s'il pouvait le débarrasser de tonte manipulation matérielle, de remplir un cadre plus utile que des journaux asservis, un cadre inattaquable à la malveillance, par le soin qu'il prendrait de se renfermer fidèlement dans l'espace déterminé par la loi et dans les égards et le respect dû aux pouvoirs reconnus par la charte.

Des conférences s'ouvrirent à ce sujet. Nous allons rapporter ici les principales clauses arrêtées, parce que, faute de connaître ces clauses, le Public, qui entendra incessamment parler d'un procès élevé entre M. D. L... et M. Touquet, ne connaîtrait rien à ce procès ni aux procédés de M. Touquet, sans les légères explications que nous nous chargeons de lui donner.

Il fut donc stipulé qu'il y aurait association entre l'ancien *naïf* et l'ancien *singe*, pour toutes les entreprises de librairie ou les ouvrages littéraires qui émaneraient d'eux;

Que les pertes et bénéfices seraient partagés également entre les associés;

Que M. D. L..... s'occuperait de traiter les sujets qu'il croirait convenables, et que M. Touquet corrigerait les épreuves, vendrait les écrits nouveaux, et tiendrait les registres nécessaires à la comptabilité ;

Qu'à ce genre de spéculation on joindrait la réimpression des ouvrages utiles tombés dans le domaine public et promettant un bénéfice raisonnable.

En échange des avantages que M. Touquet se promettait du travail de M. D. L....., il consentit à abandonner à la communauté ceux qu'il avait lieu d'attendre de son entreprise des Tables arriérées du *Moniteur*.

La confiance qui paraissait entière entre les deux contractans ne permit pas de s'occuper des moyens de sûreté que l'usage et les lois indiquent; on se contenta d'écrire les conventions stipulées sur un registre numéroté et paraphé par les associés; ce registre devait contenir toutes les décisions qui par la suite seraient prises en commun, et servir de journal des opérations de la société.

Les conventions que l'on vient de lire furent écrites et signées sur la première page du premier registre; deux autres registres, destinés, l'un à la comptabilité de l'entreprise, l'autre aux dépenses domestiques des deux associés, furent également numérotés et paraphés par les contractans. Ce dernier fut donné à une demoiselle de confiance, qui sert le sieur Touquet. Sur le verso de la première page était inscrite la convention suivante:

« Les dépenses de table et de
» logement, ainsi que les frais do-
» mestiques des associés, seront
» payés par la caisse commune,
» tenue par M. Touquet, et en
» cas d'insuffisance des bénéfices,
» chaque associé y rapportera sa
» part du déficit. »

Il était tout simple que deux hommes liés par un pareil traité fussent bien aises d'occuper des logemens voisins; il s'en trouvait un à louer sur le carré de celui de M. Touquet, il se chargea de le louer pour M. D. L...; et à raison de ses relations avec le propriétaire, M. D. L... s'en rapporta à lui du soin d'en régler le prix.

Ce prix une fois convenu, M.

D. L . . . se hâta de porter au portier le *denier adieu* et de faire enlever l'écriteau. Le logement ne pouvant être occupé qu'au terme suivant, c'est-à-dire deux mois après la convention faite, il fallut se contenter, en attendant, d'un logement garni dans un hôtel voisin.

CHAPITRE XI.

Commencement d'une nouvelle Société.

Les conditions de l'entreprise des Tables arriérées du *Moniteur*, conditions qui allaient devenir communes à M. D. L...., n'étaient pas encore arrêtées entre M. Bidault et M. Touquet. Celui-ci persuada à M. D. L. . . qu'il ne convenait pas qu'il intervînt dans cet arrangement, parce que M. Bidault pouvait ne pas se soucier de traiter avec un nouvel intéressé qu'il ne connaissait pas : cette observation parut plausible, et M. D. L..., simple témoin de quelques conférences, n'était pas présent lors de l'arrangement définitif; il se croyait d'ailleurs suffisamment en règle au moyen des stipulations faites sur les registres, auxquels il pourrait s'en référer au besoin.

L'arrangement fait entre MM. Touquet et Bidault donna à M. D. L... une idée effrayante des talens de M. Touquet pour les affaires de communauté. Cet arrangement est trop caractéristique et trop remarquable, pour n'être pas cité en pareille circonstance; voici quelles en furent les bases et comment on procéda à l'exécution.

M. Touquet, d'une part, portait à seize mille francs les frais de rédaction dont il allait être chargé. M. Bidault consentit à en payer moitié pour sa part, et tint exactement parole.

M. Touquet, qui devait payer l'autre moitié, s'arrangea avec une société de jeunes travailleurs qu'il eut le bonheur de rencontrer, moyennant une somme de trois mille francs pour le tout; de façon qu'au lieu de fournir les huit mille francs qu'il avait à payer, il commença par s'approprier cinq des huit mille francs payés par

M. Bidault, et encore il se réserva de ne payer ses trois mille francs qu'en billets à longs termes.

Quelqu'avantageuse que cette opération pût paraître à Monsieur D. L.., qui devait en profiter aux termes de ses arrangemens avec M. Touquet, il ne fut pas le maître de repousser l'inquiétude que lui causait un associé qui commençait par gagner treize mille francs sur une affaire de seize, affaire dont il n'aurait pas même à se mêler. (1)

---

(1) Comme quelque temps après on inséra dans le *Moniteur* une note faite sous la dictée de M. Touquet, par laquelle madame Agasse annonçait ses livraisons des Tables arriérées du *Moni-*

Quoiqu'à la rigueur M. Bidault ne fût pas trompé sur les termes de son marché, il l'était

---

teur, faites (d'après *ladite note*) par les soins de gens de lettres très-exercés, nous devons prévenir MM. les souscripteurs à ces Tables, que ce que nous publions ici ne doit leur donner aucune inquiétude sur la manière dont ce travail sera accompli : par un hasard qui tient peut-être à la fortune de M. Touquet, il se trouve que les personnes qui ont rempli ses engagemens sont beaucoup plus en état que lui de s'acquitter de cette tâche, et il y a tout à présumer qu'elle sera fort bien faite. Il n'y aura vraiment de lézé dans cette affaire que les jeunes et habiles travailleurs qui auront fourni pour mille écus un travail immense payé seize mille francs par M. Bidault.

Sic vos non vobis mellificatis apes.

évidemment au fond, puisqu'il était convenu de ne payer que moitié de ce que coûterait la rédaction. Il payait donc huit mille francs au lieu de quinze cents qu'on aurait dû lui demander, la dépense totale étant de mille écus. Cette opération commença à faire naître sur les principes de M. Touquet, en matière de société, des doutes qui ne tardèrent pas à se réaliser.

CHAPITRE XII.

M. Touquet fait le commerce de librairie.

Monsieur D. L..... commença donc à écrire, comme il en était convenu: M. Touquet fit plus qu'il n'était convenu; car, non-content de corriger les épreuves, il s'occupait aussi quelquefois à corriger le manuscrit. Il substituait son esprit à celui de son associé, et c'est à lui que l'on doit les jolis noms de *Brise-miche* et autres qu'il citait pour auteurs des petits écrits qui sortirent des ateliers de la société.

Monsieur D. L...... réclama ses droits de rédacteur, mais saus succès ; l'esprit de M. Touquet fournissait de si jolies choses, qu'il ne put jamais se décider à en faire le sacrifice. Par malheur, les additions s'arrangeaient si mal avec le texte principal, qu'il arriva souvent à M. Touquet de convenir lui-même qu'elles faisaient contresens.

Le correcteur d'épreuves ne s'en tint pas là. Il entrait dans sa manière de voir et de calculer, qu'un sujet, pour bien se vendre, devait occuper tant de pages, et la page se composer de tant de lignes. Cette espèce d'idéomètre n'était pas à l'usage de monsieur D. L..., qui souvent remplissait mal les vues de son singe. Tantôt il manquait au morceau imprimé un alinéa de quelques lignes; tantôt il n'était pas possible de placer toute la matière dans le cadre fixé par M. Touquet.

Dans le dernier cas le remède était tout simple, M. Touquet retranchait à son gré le nombre de lignes ou de mots qui passaient sa mesure: souvent il arrivait que le morceau entier n'avait pas le sens commun; mais quand cela se vendait, M. Touquet était enchanté, et l'on n'eût pas été bien venu alors de lui reprocher ses changemens, car c'est surtout au mérite de ses changemens qu'il attribuait l'accident de la vente.

Dans le cas contraire, c'est-à-dire lorsque le texte se trouvait trop court au gré du correcteur, ce texte était alors plus ou moins trop court. S'il ne manquait que quelques lignes, notre homme les tirait de sa minerve et les plaçait, suivant le caprice du moment, à la fin ou à la tête de l'article. Si beaucoup trop court, il avait recours à une ressource dont nous devons ici faire mention.

On verra de reste, par la suite de cette aventure, qu'en se liant d'affaires avec M. D. L.... M. Touquet n'avait songé qu'à une opération d'argent, et qu'il n'avait pas été assez fou pour s'occuper des intérêts d'un homme qui l'avait jadis tiré de la plus triste position, et qui croyait alors pouvoir compter sur la fidélité d'un ancien obligé. Peu de jours après l'entreprise commencée, M. D. L.... crut remarquer dans M. Touquet quelques prétentions à une domination à laquelle il était loin de s'attendre. M. Touquet disait : *Nous ferons cela de cette manière*, et quelquefois, *je ferai cela*, etc., etc.

M. D. L...., qui croyait les droits réciproques fixés par les conventions écrites en tête du premier registre, s'en référait à cette règle irrécusable de la société. Il regardait ce registre comme beaucoup d'honnêtes gens regardent la Charte. Il le citait à tous propos, et en invoquait l'exécution. M. Touquet éprouvait en ces occasions une contradiction que ses habitudes envers M. D. L.... ne lui permettaient pas de ressentir comme il aurait voulu. Il dissimula donc, et s'occupa des moyens de se délivrer, dans l'occasion, d'une gêne qui commençait à le fatiguer.

La première idée qui lui vint à l'esprit, fut de chercher et de s'attacher un écrivain plus docile, qui pût au besoin remplacer celui à qui il pense avoir fait grâce en se l'associant. Les écrivains qui peuvent se résigner à reconnaître M. Touquet pour chef, ne sont pas communs, à la vérité;

cependant on en trouve, et il en trouva.

C'est par l'un de ces messieurs, qu'il avait en réserve, qu'il faisait faire les articles dont il avait besoin pour étendre jusqu'à confection de mesure arrêtée la matière fournie par M. D. L....

Cette opération, se faisant par des hommes condamnés à faire un peu de scandale pour être remarqués, fut tellement malheureuse, que le ministère public trouva, non pas dans le fond, mais dans les termes extravagans dont on eut la folie de se servir, ce qui manquait pour condamner les travaux des associés. Quelques écrits furent en effet condamnés, et des jeunes gens, qui leur étaient fort étrangers, prêtèrent à M. Touquet un nom d'auteur qui sauva le sien. Il se croit quitte envers eux, parce qu'il leur a payé jusqu'à présent le prix auquel ils avaient mis leur complaisance ; mais M. D. L.... ne voit pas pourquoi on a porté dans les comptes que l'on a commencé à lui rendre, des paiemens qu'il n'a pas dû reconnaître puisqu'il n'a jamais réclamé l'intervention des auteurs employés par M. Touquet.

A ces élémens de discorde entre les associés se joignirent différens procédés qui éveillèrent l'attention de M. D. L.... et excitèrent à plusieurs reprises ses justes réclamations.

Un article essentiel du registre 1er. portait que M. Touquet, qui vendait les ouvrages, recevait des libraires le montant de ses fournitures, payait les imprimeurs, brocheurs, porteurs, etc., en un mot, qui tenait toute la comptabilité, était tenu d'inscrire jour par jour sur ledit registre tout ce qu'il avait fait de relatif à ces fonctions. M. Touquet, au lieu de cela, écrivait à de longues distances, et de mémoire seulement, tout ce qu'il avait reçu ou payé; ne prenait, à l'appui de tout cela, ni reçus ni quittances, et courait par cette façon d'agir le double danger de se tromper gravement ou de tromper son associé.

Notre héros traitait fort légèrement les scrupules de monsieur D. L... en matière de comptabilité. Bientôt il s'émancipa jusqu'à se permettre des actes plus sérieux.

CHAPITRE XIII.

Edition de la Charte à 5 centimes.

On a reproché avec beaucoup de véhémence à M. Touquet l'édition de la charte à 5 centimes. Un grand nombre de journaux l'ont singulièrement flatté, en le dénigrant à cette occasion. C'est ce dénigrement qui lui a fait le nom qu'il a si heureusement exploité depuis. Hé bien, aujourd'hui que tout le profit de cette affaire a été recueilli par M. Touquet, et qu'il est bien reconnu qu'il n'a fallu ni esprit, ni talent, ni aucune espèce de mérite pour concevoir l'idée qui a tant fait de bruit, nous ne ferons aucun tort à M. Touquet en disant qu'elle n'est pas de lui, et que monsieur D. L.... a été, sans s'en douter, l'auteur très-innocent d'un scandale qu'il n'avait ni soupçonné ni cru possible.

Placer sous les yeux de tous les Français le Code qu'ils tiennent du roi légitime; mettre tous les citoyens à portée de reconnaître les obligations qu'ils ont à S. M., et les devoirs auxquels le pacte national oblige chaque individu; faire par cette publication que personne ne pût espérer par la suite tromper le peuple en falsifiant ou affectant de méconnaître le code sacré, telle fut l'idée de monsieur D. L... En proposant cette édition il semblait à l'éditeur que les ennemis seuls de la Charte auraient à se plaindre de cette grande publicité. L'événement n'a pas répondu à l'attente de cet éditeur ; on a vu, ou l'on a affecté de voir une provocation là où l'on n'avait songé qu'à manifester une opinion franche sur le principe de nos libertés.

La charte avec son préambule devait être imprimée sur un format plus petit et plus agréable que celui qui a été exécuté, lorsque M. Touquet avertit monsieur D. L.... qu'il venait de traiter de cette affaire avec monsieur B..... imprimeur et secrétaire d'un de nos journaux libéraux.

Monsieur D. L..... fut d'abord un peu piqué de n'avoir pas été consulté par son associé, qui traitait ainsi d'une chose qui lui appartenait, et sans même l'en avoir prévenu. Le seul défaut d'égards suffisait pour rendre cet acte blâmable. M. Touquet crut tout couvrir en mettant en avant le seul motif qu'il connaisse, l'argent que son arrangement devait lui procurer; il fit valoir comme une très-bonne fortune l'intervention en cette occasion d'un homme qui par sa place disposerait de plusieurs journaux et donnerait à la charte nouvelle une vogue qu'il lui eût ôtée, s'il avait employé contre l'édition le crédit qu'il voulait consacrer à la faire valoir.

Il est certain que, pécuniairement parlant, il vaut mieux avoir le quart d'une grande recette que moitié d'une mauvaise; mais cette vérité ne change rien à la nature du procédé.

L'édition de la Charte, favorisée par la bienveillance désintéressée des écrivains libéraux et par l'intérêt très-actif qu'y prenait un homme en puissance de la faire valoir, obtint un grand succès, dont il était permis de se réjouir, mais dont il était sot de s'enorgueillir. La tête de M. Touquet en tourna, il se crut un grand homme parce qu'on se moquait de lui. Il ne parlait que de sa réputation, et du nom qu'il aurait désormais dans la république des lettres.

Le bénéfice résultant de cette opération, bien que de beaucoup inférieur à celui qu'on s'est plu à lui assigner, était encore très-supérieur au mérite de l'entreprise, si on retranche de ce mérite celui de la bonne volonté et d'un patriotisme modeste et désintéressé dans son principe. M. Touquet, charmé qu'avec aussi peu de talens on pût gagner autant d'argent, commença à regarder en pitié le succès quelquefois assez remarquable des autres écrits de M. D. L. . . il commença aussi à réfléchir que le nom qu'on venait de lui faire à propos de la Charte, suffisait pour le rendre riche, et il lui sembla dur d'avoir à partager les fruits que ce nom seul allait produire, avec un associé qui n'apportait plus à la communauté qu'un travail obscur, et que l'on pouvait commander à d'autres sans compter avec eux des bénéfices.

Ce n'était pas assez de recueillir sans la moindre peine le prix du travail des autres, M. Touquet résolut de multiplier ses profits par la hardiesse de ses entreprises, et de faire vendre à son bénéfice tout ce qui paraîtrait recommandé à la curiosité publique par le péril qui accompagnait les travaux de quelques écrivains. Pour arriver à ce but, il résolut de chercher un individu qui, moyennant une légère rétribution, consentît à couvrir de son nom et de sa responsabilité tout ce que débiterait M. Touquet.

L'homme, tel qu'il le fallait, devait être jeune et d'une imagination facile à exalter; il fallait le tromper sur le fond de l'entreprise, et lui persuader que des noms respectables s'y intéressaient; il fallait enfin couvrir à ses yeux, par des considérations de patriotisme, ce que le marché qu'il allait faire avait d'équivoque en lui-même. M. Touquet fit tout ce qu'il fallut. Il loua, au nom de son nouveau commis, un taudis que l'on décora du titre de magasin de librairie; il lui fit prendre et paya pour lui un brevet de libraire, et parvint enfin à se faire un établissement, dont les périls étaient pour les autres et les bénéfices pour lui. La catastrophe malheureuse qui plongea la jeune dupe dans l'abîme où il gémit aujourd'hui avait été prévue par M. D. L...., qui ne pouvait l'empêcher, et qui n'apprit même que long-temps après, et au moment du dénoûment, que le jeune homme s'était cru commis et conséquemment protégé par les personnes les plus recommandables.

CHAPITRE XV.

Édition du Voltaire Touquet.

Il y avait environ six mois que MM. D. L.... et Touquet travaillaient en commun, du moins suivant l'opinion du dernier. La dépense de la table était fournie par la caisse commune, et la comptabilité de cette partie, exercée par une fille de confiance de M. Touquet. Il n'avait pas encore été question de régler les comptes ;

mais le bénéfice assuré sur les Tables du Moniteur, celui déjà encaissé de la Charte et de plus de vingt ouvrages, plus ou moins considérables, fournis par M. D. L.... Tout portait à croire que ces comptes devaient être satisfaisans, lorsque M. Touquet arriva un jour à la maison, enchanté d'un projet qu'il venait de former avec M. B.... Il s'agissait de faire une nouvelle édition de Voltaire, de la faire compacte, pour qu'elle pût être économique, et d'en retrancher les ouvrages les moins importans de ce grand homme.

M. D. L.... se chargea de faire, sur ce projet, un travail qui serait examiné et modifié par les intéressés.

Le travail fut fait et livré à M. Touquet, qui se chargea d'en causer avec M. B....; le prospectus fut également fait par M. D. L.... c'est celui qui a été livré au public après que M. Touquet eut rayé, suivant son usage, le nombre de lignes qui ne pouvaient pas entrer dans le format qu'il adopta.

Bien que le *Voltaire Touquet* n'ait pas été imprimé à beaucoup près comme M. D. L.... l'avait proposé, il n'en est pas moins vrai que le travail auquel il s'était livré à cette occasion, et les arrangemens pris avec M. Touquet et portés sur le premier de leurs registres, lui donnaient des droits à partager avec lui le bénéfice de cette édition; mais M. Touquet pensa autrement lorsqu'il vit l'affluence des souscripteurs qui se présentèrent après la distribution du prospectus. Il fit comme les marchands de mauvaise foi, qui, lorsqu'un marché est conclu, commencent à regretter de ne l'avoir pas fait plus avantageux. *Ouais,* dit-il, en voyant la foule arriver chez lui, *pourquoi abandonnerais-je la moitié de mon bénéfice pour un travail que je puis faire faire à un commis?* et lorsqu'il eut entre ses mains le travail de M. D. L...., Ouais, continua-t-il, *je n'ai qu'à copier une édition toute faite, et je n'aurai pas besoin de payer tout ce fatras.* Et partant de ce raisonnement, il s'occupa des moyens de se débarrasser d'un collaborateur qui avait droit au partage des fruits des travaux faits en commun.

Cet associé importun n'avait jamais songé à faire ce que les gens de mauvaise foi appellent *se mettre en règle*, les registres étaient la seule preuve de l'association, à ce que pensait et pense encore M. Touquet. Ces registres étaient en sa puissance, il n'avait qu'à interdire la porte de communication entre les deux logemens, et tous les comptes étaient rendus. Après y avoir bien réfléchi, il pensa qu'il fallait, par égard pour ceux qui étaient dans la confidence de ses affaires, épargner le scandale et terminer à l'amiable, s'il était possible de le faire, sans bourse délier et même sans compter. Ceux qui voudront en pareil cas se tirer d'une affaire un peu embarrassante, seront peut-être bien aises de savoir comment s'y est pris un praticien normand. C'est pour leur instruction que nous entrons dans les détails que l'on va lire.

CHAPITRE XVI.

Comment on chasse un homme de chez lui, en gardant ses meubles.

Pour y procéder avec les égards dont M. Touquet se pique envers ses amis, il commença par affecter un ton sérieux et triste. Quelques mots, articulés sans suite et comme au hasard, semblaient annoncer des chagrins subits et inattendus survenus à l'éditeur du philosophe de Ferney. Deux jours se passèrent sans qu'il assistât au dîner commun; et enfin, après le dîner du troisième, où M. D. L.... se trouva encore seul avec la fille de confiance et une autre domestique, on lui remit une lettre de M. Touquet. Elle était ainsi conçue :

A Paris, quai Saint-Michel, près l'Y, le 17 septembre 1820.

» Touquet, ancien officier supérieur d'état-major, chevalier » de la légion d'honneur, etc.

» J'ai été jusqu'au bout, mon » bon ami, il m'est impossible » d'aller plus loin. Vous devez » juger de ma position, cachez-» la, elle est bien triste.

» Désirée vous dira le reste, » je n'ose pas vous l'exposer de » vive voix.

» *Signé* Touquet. »

C'était une précaution bien surabondante que d'inviter M. D. L.... *à cacher la triste position* de M. Touquet. Il était à mille lieues de la soupçonner. La demoiselle Désirée, s'acquittant de la commission qu'elle avait reçue, lui apprit » que » M. Touquet était ruiné, qu'il » avait répondu pour des amis » d'une somme bien supérieure » à tout ce qu'il possédait dans » le monde; qu'il s'était dé- » pouillé de tout ce qu'il avait » d'argent chez lui; qu'il était

» persécuté en outre pour des » dettes contractées pour soutenir sa table. Que son marchand » de vin refusait de lui faire de » nouveaux crédits, et que l'on » venait de boire la dernière » bouteille. Que pour toutes ces » causes, M. Touquet ne dînerait plus chez lui, etc., etc. » M. D. L.... eut assez d'esprit pour deviner qu'il fallait s'arranger pour dîner ailleurs. Il se le tint pour dit; et voilà le premier pas fait vers la dissolution d'une société pour laquelle il était venu se loger rue de la Huchette, à un quatrième étage, sans autre raison que le désir d'être voisin de son collaborateur.

La vérité historique nous oblige

à convenir, à la honte de M. D. L....
que pendant plusieurs jours il fut complètement dupe du conte que l'on venait de lui faire. Oubliant pour un moment qu'il venait de perdre en un clin-d'œil tout ce qu'il avait si bien gagné en six mois, il ne trouva de sensibilité que pour déplorer le désastre de son ami. Lui parler de compte en ce moment eût été barbare : on se garda bien d'en sonner un mot.

Le lendemain, M. Touquet, tout à sa douleur, ne put pas recevoir en personne les consolations que son associé venait lui offrir. Quelques jours après on le reçut, mais avec une contrainte mal dissimulée, et le travail inséparable de tant d'affaires à arranger servit de prétexte pour l'engager à finir sa visite.

Cependant les souscripteurs au Voltaire affluaient. La fille *Désirée* recevait l'argent et les adresses. M. D. L.... sentait bien que son travail était nécessaire pour suivre l'édition : il voulut en parler; mais le malheureux associé restait toujours invisible. Enfin, au bout de quelques jours, il vit que ce travail était confié à un commis que M. Touquet venait de prendre; il vit que le même malheureux Touquet avait augmenté son domestique d'une nouvelle servante; que beaucoup de personnes étaient chaque jour invitées à dîner, et que cette table, que le désastre survenu avait forcé d'abandonner, était beaucoup plus somptueuse qu'auparavant. Toutes ces petites choses sont difficiles à cacher à un voisin aussi familier dans la maison que l'avait toujours été M. D. L.... et la vérité venait lui crever les yeux malgré ses dispositions à les fermer.

Ouais, dit-il à son tour. Mon bon ami se serait-il moqué de moi? Hélas! il n'y avait pas moyen d'en douter. Le bon ami n'était plus chez lui lorsque le voisin s'y présentait, et n'allait jamais lui-même voir ce voisin.

Il est des cas où le mépris

d'un lâche procédé interdit toute espèce de reproches. M. D. L..... n'en fit aucun.

Son silence fut compris par son associé, qui fut sans doute charmé de n'encourir que du mépris pour la conduite qu'il venait de tenir. M. Touquet ne s'était peut-être pas flatté d'en être quitte à si bon marché. M. D. L..... n'ayant plus aucune raison de conserver un logement dont le voisinage devenait pour lui une source de dégoûts, se décida à le quitter; mais il fallait acquitter la dette du loyer et faire un petit déménagement, coûteux relativement à sa position. Aux termes des conventions consignées sur le registre de société, tous les frais domestiques devaient être acquittés par la caisse de la société: M. D. L..... écrivit à M. Touquet une lettre très-modérée dans laquelle il l'invitait à exécuter cet article de leurs conditions. M. Touquet refusa, et allégua pour raison que la société avait perdu au lieu de gagner.

Le mensonge était évident. L'édition seule de la charte avait rapporté plus de 10,000 francs; les bénéfices sur les Tables du *Moniteur* étaient éventuels, à la vérité; mais il y avait déjà en caisse les 8000 francs de M. Bidault dont trois seulement étaient hypothéqués pour le paiement en billets du travail des Tables.

Beaucoup de brochures s'étaient bien vendues, etc. etc. etc.

Au reste, tout devait s'éclaircir par le relevé à faire de divers registres. M. D. L..... demanda des comptes. Les lettres qu'il écrivait à M. Touquet étaient claires, écrites et signées de sa main. Les réponses étaient faites de bouche et par l'intermédiaire de la demoiselle Désirée, fille de confiance de M. Touquet. La raison de cette conduite n'était pas dissimulée, la fille Désirée disait elle-même à M. D. L..... que M. Touquet en agissait ainsi pour n'être pas compromis.

Pour tout compte on répondit qu'on n'en rendrait pas ; qu'il n'existait pas de registre, excepté celui de la dépense de table, dont on lui envoyait un extrait en trois lignes, afin qu'il eût à en solder la moitié.

La guerre, comme on voit, commençait à s'allumer d'une manière sérieuse, car plus M. D. L... voulait faire de sacrifices pour l'éviter, plus M. Touquet devenait exigeant et impitoyable; il offrit de reprendre en paiment pour partie des frais de table, quelques meubles qu'il avait vendus ou fait fournir à M. D. L... dans les premiers jours de son association; mais M. D. L... qui les avait payés, répondit qu'il en avait besoin et les garderait. M. Touquet, qui de son côté, avait besoin des meubles et du logement de M. D. L... pour y placer le commis qu'il avait pris, imagina, pour s'emparer du tout, un tour que lui envieront un jour tous les Gusman d'Alfarache présens et futurs. Voici comment il s'y prit.

CHAPITRE XVII.

Nouveau tour de M. Touquet.

On a vu que voulant louer l'appartement vacant près de M. Touquet, M. D. L.... avait chargé celui-ci d'en fixer le prix avec le maître de la maison, dont il était connu. M. Touquet s'acquitta de cette commission en disant seulement au propriétaire que c'était pour loger un de ses amis. Le propriétaire, à qui cela était indifférent, ne fit pas d'autres questions.

Soit que M. Touquet songeât dès-lors à s'approprier un jour le logement de M. D. L...., soit telle autre raison que l'on ne devine pas, il ne dit pas au propriétaire le nom de M. D. L...; et lorsque celui-ci, voulant rendre visite à ce dernier, demanda pourquoi on ne l'avait pas annoncé sous son nom, M. Touquet répondit que ce propriétaire et sa société étaient *si blancs*, qu'il avait craint de lui annoncer un homme qui avait le malheur d'être connu pour un libéral. Quoique M. D. L... se croye aussi *blanc* qu'un autre, il dut se payer de cette raison, bonne ou mauvaise, et ne s'en était pas inquiété (1).

Lorsqu'arriva le moment de se dire locataire du logement de monsieur D. L...., et par suite propriétaire de tout ou partie des meubles qui le garnissaient, M. Touquet se rendit chez le propriétaire, lui paya son loyer et celui de monsieur D. L...... avant le jour où ce paiement était exigible, en tira un reçu, et entrant un beau matin suivi du portier de la maison dans le logement de son ex-associé, il lui dit :

« J'ai loué cet appartement,

---

(1) Il a reconnu depuis que ce propriétaire si *blanc* était un homme fort doux et des plus tolérans.

» j'en ai payé le loyer, je suis » porteur de ma quittance, donc » vous êtes chez moi, et vous en » sortirez dans le jour, ou je vais » envoyer chercher la garde. »

Monsieur D. L...., qui était en ce moment dans son lit, et qui dans toute autre position eût beaucoup ri et du *syllogisme Touquet*, et de la menace, fut en ce moment indigné de l'insolence de son ancien singe. Il sauta à bas de son lit, et en présence du portier de la maison il apostropha M. le Chef de bataillon en des termes que le plus lâche des hommes n'eût pas entendu de sang-froid. Venant ensuite à la partie logique qui le touchait, il répondit :

« Vous avez rempli une com-
» mission en allant régler le prix
» du logement que j'occupe. J'ai
» fait, moi, acte réel de locataire
» en donnant au portier le *denier*
» *adieu*, et j'ai fait un second acte
» de locataire en garnissant les
» lieux et en payant les meubles
» que j'y ai fait mettre, ainsi que
» l'atteste la quittance de M. L....,
» tapissier, quai des Orfèvres à
» Paris. Je vous ai payé à vous-
» même, et j'ai aussi votre quit-
» tance, des vieux meubles que
» vous m'avez cédés et fait
» fournir. Je suis, en outre, en
» possession et du logement où
» je couche depuis cinq mois, et
» des meubles qu'il renferme ;
» je suis donc chez moi, et vous

» allez vous-même en sortir très-» promptement, ou je vais, sans le » secours de la garde et à l'aide » de l'arme peu militaire que » voilà, vous renvoyer dans votre » véritable logement. »

Monsieur D. L..... saisissant en effet l'instrument dont il avait parlé, ajouta à son discours des gestes aussi clairs que pressans. M. Touquet sortit en disant tout bas *que des injures n'étaient pas des raisons*.

Dès le jour même, M. Touquet, au lieu d'aller chercher la garde, alla se plaindre au commissaire de police, qui lui répondit qu'une querelle entre particuliers ne le regardait pas.

Piqué d'une réponse à laquelle

il eût dû s'attendre, notre homme se rendit chez le juge-de-paix, qui, sur l'exposé qu'il lui fit, lui conseilla, dit-il, de mettre un cadenas à la porte de monsieur D. L..... pour le forçer à ne plus rentrer chez lui. Dès le jour le cadenas fut apposé; mais un homme de loi fit entendre à M. Touquet que son adversaire pourrait bien n'avoir pas plus de respect pour un cadenas apposé par lui, qu'il n'en avait eu le matin pour sa personne, et le faire sauter avec sa canne. Sur cette observation de son avocat, le cadenas fut ôté et on ne laissa que les pitons. M. Touquet rêvait à quelque nouvelle sottise, lorsque ses amis le décidèrent à adopter une conduite moins scandaleuse et à soumettre le jugement de cette querelle à des amis nommés par les parties et qui prononceraient sans appel sur toute l'affaire, ainsi que le proposait monsieur D. L....

CHAPITRE XVIII.

Nouvel incident.

Vouloir soumettre une contestation quelconque au jugement définitif d'hommes bienveillans et éclairés, est une proposition tellement et si évidemment honnête, qu'on ne peut guère s'y refuser sans convenir que l'on veut être juge soi-même dans sa cause et qu'on la sent mauvaise. M. Touquet comprit que chacun en tirerait cette conséquence.

D'un autre côté, choisir des

juges honnêtes quand la cause est mauvaise, c'est s'exposer à la perdre. Le problême est embarrassant ; mais rien n'embarrasse M. Touquet.

Comprenant bien qu'il fallait joindre l'adresse à *son bon droit*, il commença par choisir pour arbitre l'homme de sa connaissance sur le dévoûment absolu duquel il croyait pouvoir le plus compter ; et pour en être bien sûr, il s'adressa à un écrivain qui, ayant besoin que l'on annonçât ses ouvrages dans les journaux, trouvait en M. Touquet favorisé des journalistes, un homme très-disposé à employer son crédit en faveur de ceux qui peuvent le servir d'ailleurs. Il fallait, en outre, qu'en cas que le procès tournât mal, le dévoué arbitre se retirât et refusât de juger, afin de donner le temps de se créer d'autres chances. Il n'entre pas dans notre intention de prétendre que l'arbitre choisi fût disposé à faire tout cela; mais que telles étaient les vues du commettant. L'événement, d'ailleurs, a plutôt confirmé que démenti cette hypothèse. M. D. L..., de son côté, nomma un homme de lettres connu par son honnêteté incorruptible, et prévoyant que le cas pouvait arriver où il faudrait un troisième arbitre pour finir la contestation, il fit proposer à M. Touquet de nommer de concert, pour troisième juge, un libraire de sa connaissance (à M. Touquet) et avec lequel il n'avait jamais eu la moindre relation, mais dont la probité était aussi bien reconnue que ses talens dans sa partie. M. Touquet charmé d'avoir deux juges *dans sa manche*, comme on dit dans son pays, adopta cette proposition.

L'arbitre de M. Touquet fut chargé par lui de la rédaction du compromis qui devait servir de titre aux juges et rendre leur décision exécutoire sans appel. Après bien des contestations sur le choix des termes, M. Touquet admit enfin une rédaction, la signa et la fit présenter à M. D. L... pour être signée par lui.

Le dernier article du compromis portait qu'il était fait quintuple, c'est-à-dire, que les deux parties et les trois juges devaient recevoir chacun une copie de cet acte.

Quelle ne dut pas être la surprise et l'indignation de M. D. L...., lorsqu'après avoir signé et remis la pièce à l'arbitre de M. Touquet, il vit celui-ci l'enfermer dans son portefeuille, puis déclarer que M. Touquet n'entendait pas qu'il fût fait de copie de cet acte, et que la pièce resterait unique.

M. D. L.... se récria qu'on venait de lui faire signer que la pièce était quintuple, et qu'on ne pouvait pas commencer par une fausseté; il croyait que la copie qui lui était due lui pourrait être nécessaire pour faire exécuter le jugement; elle l'était au moins pour l'autoriser à exiger l'exécution du compromis. Enfin on ne put pas donner une bonne raison qui pût autoriser M. Touquet à prendre ainsi la signature de son adversaire, à le tenir lié par cette signature, tandis qu'il le tenait également désarmé de l'instrument qu'il pouvait détruire à sa volonté, puisqu'il était entre ses mains.

Tout ce que M. D. L... put dire fut inutile. L'arbitre de M. Touquet tint bon; et à peine put-on obtenir de lui que ce triste compromis fût au moins déposé entre les mains de M. Ch. B.....; le troisième arbitre nommé par les deux adversaires.

Ce dépôt effectué, M. D. L.. s'adressa à ce tribunal pour en obtenir une copie de l'acte qui se déclarait lui-même fait quintuple. Sa demande était trop juste pour être rejetée; mais malheureusement pour lui, les juges honnêtes qu'il avait, étaient des hommes doux qui n'ont pas la manie de juger; ils crurent voir apparemment que M. Touquet se réservait quelqu'échappatoire contre le jugement à intervenir; ne voulant pas se mêler d'une affaire qui ne leur parut pas claire, ils décidèrent qu'ils ne s'occuperaient de ce procès que lorsque l'article *fait quintuple* serait exécuté.

Cette décision, signée des trois juges, fut adressée aux deux parties et jamais ils n'ont pu rendre d'autre jugement.

M. Touquet avait, dit-on, répondu qu'il satisferait les arbitres et signerait les expéditions demandées; mais il paraît qu'il reçut, sur les dispositions de ces messieurs, des communications qui lui déplurent. Jamais il ne parla de se soumettre à l'arbitrage, et depuis ce temps le compromis reste enseveli dans les tiroirs du juge commun, Monsieur Ch. B..., qui a promis à monsieur D. L..... de ne s'en dessaisir que de son consentement.

De ce sujet ennuyeux, dont notre qualité d'historien nous force de nous occuper, il y a peut-être un peu loin à l'histoire du garrik de M. Touquet; mais les personnes habituées à penser sentiront que la transition, pour être brusque, n'en est pas moins nécessaire. Elles reconnaîtront que ce garrik appartient aussi à l'histoire, et que sans lui la liaison qui a réuni les deux associés n'ayant pas lieu, on n'aurait peut-être jamais eu sous le nom de M. Touquet que les Tables du Moniteur. Jamais on n'eut entendu parler ni de la charte à un sol, ni des tabatières à la charte, tabatières qui sont peut-être la garantie la plus sûre que nous ayons du maintien de cette charte, puisqu'elles représentent à tous les yeux le serment de la famille royale, serment sans lequel bien des gens auraient sans doute essayé de la faire oublier, serment qni en impose à tous les genres de malveillance, serment devant lequel reculeront d'un bout de la France à l'autre tous les amis des désordres.

On n'aurait pas vu le *Voltaire Touquet*, ni les bonbons à la charte, ni les *pipes Touquet*, ni toutes les jolies choses que l'on doit à notre héros.

Enfin nous avons promis l'histoire de ce garrik, et cette raison vaut elle seule toutes les autres.

CHAPITRE XIX.

Histoire du Garrick que porte Monsieur Touquet.

M. Touquet est, ainsi qu'on peut le voir en tête de cette histoire, revêtu d'un grand et beau garrick de drap bleu superfin, avec collet de velours noir et bien doublé en soie de la même couleur; ce garrick, que M. D. L.... n'avait pas fait faire d'abord pour l'usage de M. Touquet, avait été commandé dans le commencement de l'hiver de 1820. Il revenait à M. D. L.... à une somme qui équivaut à 400 fr. argent de France. Mais l'acquéreur, engagé par *ses affaires* dans un voyage dans le nord de l'Allemagne, trouva ce garrick, tout bon qu'il est, insuffisant contre les froids du nord. Il fallut l'emballer et lui substituer pour la route des fourrures plus convenables au climat.

Rien de remarquable n'arriva au garrick, dans son voyage. Il fut déballé sans accident, et parut dans toute sa fraîcheur aux yeux ébahis de M. Touquet.

L'hiver alors finissait, et M.

D. L.... n'avait pas usé six fois de son meuble, lorsque M. Touquet s'avisa d'observer qu'il était trop court pour la taille de M. D. L...., et qu'il lui irait à merveille à lui-même : il voulut à toute force l'essayer, et ne l'eut pas plutô tessayé qu'il ne voulut plus le quitter. Nous saisirons cette occasion pour inviter en général les personnes qui tiendront à leurs habits, à ne pas les laisser essayer par un praticien normand.

M. D. L.... avait quelques ménagemens à garder avec M. Touquet, à qui il devait une somme de 244 fr. pour quelques meubles qu'il lui avait cédés ou fait fournir. Il lui fut difficile de ne pas s'apercevoir que M. Touquet, en convoitant son garrick, avait la double intention de s'habiller à bon marché, et de recevoir un à-compte sur *son dû*, pour parler comme M. *Vautour*.

M. Touquet dut aussi au désir de s'acquitter le consentement de M. D. L.... à la vente qu'on lui proposa. Le preneur fut autorisé à fixer lui-même le prix de son acquisition et décida qu'il la payerait 100 francs, c'est-à-dire à-peu-près le quart de ce qu'elle valait. M. D. L.... ajouta à son garrick la somme de 144 fr. et en a un reçu de la demoiselle Désirée, qui ne voulut pas absolument spécifier l'objet pour lequel elle avait reçu cette somme; elle motiva ce silence sur la considération qu'elle avait sans cesse à la bouche, *pour ne pas compromettre M. Touquet.* Nous observerons, en passant, que tout ce qui est naturel et vrai compromet M. Touquet.

Comme à l'époque où la somme et le garrick furent livrés, époque que doit relater et relate en effet le registre tenu par la demoiselle Désirée, M. D. L.... n'était pas encore entré dans son nouveau logement, et que les frais de table dont on a parlé depuis ne pouvaient pas être allégués, il est bien clair que M. D. L.... a dit l'exacte vérité en soutenant, la quittance en main, qu'il avait payé les meubles cédés par M.

Touquet, et que le garrick qu'il porte ne lui appartient pas, si les meubles qu'il a servi à payer n'appartiennent pas à M. D. L....; or, M. Touquet ayant gardé les meubles, son adversaire a droit, partout où il le rencontre, de lui crier ces mots terribles : RENDEZ-MOI MON GARRICK! Mais pendant ce temps-là l'hiver se passe et M. D. L.... est forcé de s'en passer. Un juge de paix, qui en sa qualité d'homme a pu se tromper, a admis les allégations sans preuve de M. Touquet et repoussé celles prouvées par M. D. L....; et un jugement, dont à la vérité il y a appel, a fait sortir M. D. L.... de son appartement, au mois de décembre, sans lit et sans garrick.

CHAPITRE XX.

Observations sur le jugement qui paraît allouer le garrick à M. Touquet.

On conçoit jusqu'à un certain point que quelqu'un nie le paiement d'une chose dont lui-même a donné reçu, il ne faut pour cela que rencontrer un homme de mauvaise foi; mais on conçoit difficilement qu'un juge ajoute foi à une allégation qui est détruite par un instrument matériel, par une preuve écrite de la main de celui qui nie. Tout cela s'explique par la prévention qui saisit quelquefois l'esprit d'un juge; or, voici comment M. Touquet a réussi à opérer cette prévention, il n'a eu besoin que de mentir; c'est-à-dire qu'il ne lui manquait rien pour réussir.

Il va d'abord trouver le juge, lui déclare *qu'il a logé chez lui, par charité, dans un appartement meublé par lui, un homme qui aujourd'hui refuse de lui rendre ce logement dont il a besoin.*

On conviendra qu'un juge honnête, et même sensé, ne va pas supposer qu'un homme ose lui faire un mensonge aussi impudént, et qu'il a pu croire le fait vrai. Cependant la justice voulait qu'il entendît la personne aussi étrangement insultée, avant de donner à l'accusateur le conseil de mettre un cadenas sur la porte de celui que l'on voulait expulser.

Peut-être le juge eût-il dû aussi demander à cet accusateur s'il logeait en chambre garnie et s'il avait déclaré à la police, ainsi que la loi le veut, quelle personne il retirait chez lui.

Le motif de loger par charité ne dispense pas de cette formalité, car l'objet de la loi n'est pas que la police sache ce que donne la personne logée, mais qui elle est.

Il y a plus. L'époque où M.

D. L.... est entré en ce logement est précisément le mois de juillet, où la police venait de promulguer une ordonnance qui recommandait l'exécution d'une loi sévère par laquelle un ami, un parent même, ne pouvait recevoir chez lui son parent ni son ami, sans faire cette déclaration. Certes, ce ne sera pas nous qui réclamerons l'exécution de cette loi impériale que les circonstances où elle a été faite peuvent à peine excuser; mais les juges ont peut-être d'autres droits et d'autres devoirs que les simples administrés. Si M. le juge-de-paix eût été instruit que M. Touquet n'avait jamais fait de pareilles déclarations, il aurait eu la preuve, ou que le fait du logement garni et gratuit n'était pas vraie, ou que le plaignant avait manqué à la loi; ce qui, administrativement parlant, infirme déjà la croyance qu'il réclame.

Le juge ayant eu le premier tort de croire M. Touquet sans preuve, ce que nous ne conseillerons à personne, il s'est formé dans son esprit une prévention dont il ne s'est pas assez méfié, et qui l'a engagé dans d'autres erreurs, comme on va voir.

Lorsque M. D. L... a assigné M. Touquet pour qu'il cessât d'empêcher la sortie de ses meubles, le juge, préoccupé comme il l'était, ne daigna pas écouter une seule des raisons qui eussent contrarié son idée; il se constitua l'avocat de M. Touquet, répondait lui-même ce que le défenseur de M. Touquet n'eût peut-être pas songé à répondre, et consumant l'audience en questions qui revenaient toujours à l'opinion qu'il avait embrassée, il ne put rien admettre de ce qui établissait le véritable état de la cause.

Quand M. D. L........, par exemple, déclara que c'était par commission que M. Touquet avait été régler le prix du logement, et qu'il n'était pas vrai qu'il l'eût loué pour son propre compte; quand à l'appui de *son dire* il allégua que c'était lui qui avait donné le *denier adieu* à la portière, puisque le défenseur de M. Touquet ne contestait pas ce fait, il n'était plus besoin d'entendre ni la portière ni le propriétaire, pour savoir une chose qui n'était pas contestée.

Quand monsieur D. L..... prouvait, par la quittance de son tapissier et la déclaration de ce marchand, que c'était lui qui avait garni les lieux, et qui conséquemment était responsable des loyers, et conséquemment, encore, locataire de cet appartement, il était absurde de lui opposer le reçu que M. Touquet avait tiré du propriétaire avant que le terme fût échu, car ce paiement anticipé prouvait seulement, ou que M. Touquet avait été chargé de le faire, ou qu'il l'avait fait dans son intérêt, méchamment, et pour servir son plan.

Lorsque monsieur D. L.... présentait la quittance de son tapissier, le juge n'avait pas droit de la contester, puisque M. Touquet lui-même n'osait pas le faire. Il n'avait pas le droit non plus de demander à monsieur D. L..... que l'état des meubles fût détaillé, car il ne présentait cet état dans son intérêt, que pour prouver qu'il avait garni les lieux, et non pas de quels meubles il les avait garnis.

Quand monsieur D. L.... présentait le reçu de 244 francs de

la demoiselle Désirée, et s'en référait au livre de ladite demoiselle pour établir qu'il avait payé, tant en argent qu'en *garrik*; les meubles que M. Touquet lui avait cédés ou fait fournir, le juge devait ordonner l'apport du livre de compte de la demoiselle Désirée ; et il était fou de dire, comme l'a fait plaider M. Touquet, qu'il n'y avait pas de livre et que c'était de mémoire que la demoiselle Désirée savait que les dépenses de cinq mois de frai de table et autres se montaient 1700 francs pour la part de monsieur D. L.....

Quand toutes les preuves présentées par M. D. L.... n'eussent pas été claires comme le jour, le fait seul de la possession du local et des meubles valait titre, et c'est vraiment abonder un peu trop fort dans ses idées, que de juger que c'était M. Touquet qui était en possession.

Quoi! il n'est pas en possession du lieu, celui qui y couche depuis cinq mois!....

Il est en possession, celui qui n'y est jamais entré qu'une fois, et qui en a été chassé en présence du portier!....

Il n'est pas en possession, celui qui a donné au portier le denier adieu et fait ôter l'écriteau!....

Il est en possession, celui qui s'est chargé seulement de débattre les conditions du prix, et qui s'est avisé avant le terme d'aller payer, afin d'avoir un reçu, à l'aide duquel il pût fasciner les yeux de son juge !

Il n'est pas en possession, celui qui a envoyé un tapissier, lequel a pris les mesures nécessaires dans l'appartement, qui a fait garnir les lieux et en présente les quittances !....

Il est en possession, celui qui a vendu quelques meubles qui lui ont été payés, parce qu'il lui plairait de les reprendre et d'en reporter le prix sur d'autres prétendus articles qui sont contestés !....

Il n'était pas en possession, celui qu'il a fallu déposséder en son absence, en mettant les meubles à la porte !....

Il était en possession, celui qui, à sa vue, a laissé partir une grande partie des meubles, et n'a gardé que ceux qui lui ont convenu !....

Nous pensons qu'il a fallu une grande préoccupation pour voir et juger ainsi.

Nous pensons encore que le juge qui a décidé que c'était M. Touquet qui était en possession du lieu et des meubles, a bien malheureusement prononcé, puisqu'il accorde à M. Touquet *ultrà petita*, car dans l'exécution ledit Touquet a laissé sortir la principale partie des meubles, quoiqu'il pût retenir tout, et que

M. D. L...., absent, n'a nullement justifié ni pu justifier l'acquisition de ce qu'on a bien voulu laisser sortir.

CHAPITRE XXI.

Défense de M. Touquet.

Je nie tout. Tirez-vous de là.

CHAPITRE XXII.

Objections à la défense de Monsieur Touquet.

NIEZ-VOUS, M. Touquet, que M. D. L.... soit venu loger sur votre pallier, dans un appartement dont vous avez réglé le prix?

Non, sans doute vous ne le niez pas, puisque vous l'en avez expulsé par un huissier. Vous ne niez donc pas tout?

Niez-vous que votre voisin vous ait remis un grand nombre de manuscrits que vous avez fait imprimer ?

Vous ne le pouvez guère ; car M. La..., votre imprimeur, attesterait qu'il connaît M. D. L.... et son écriture ; que les manuscrits étaient de lui ; qu'il a quelquefois vu M. D. L.... venir à son atelier pour faire quelques changemens ou rectifier ceux que vous vous permettiez.

Niez-vous que ces ouvrages de M. D. L.... n'aient été vendus par vous ?

Cela est encore difficile, car vous en avez compté avec plus de dix libraires qui ne le désavoueront pas.

Niez-vous en avoir palpé l'argent ?

Les mêmes libraires et leurs livres vous donneraient un démenti ; prenez-y garde !

Vous nierez avec plus de fermeté l'existence des conventions et des registres ; mais les faits ci-dessus prouvent qu'il y en a eu de positives ou de tacites, car M. D. L.... ne vous a pas sans doute fait présent du prix de ses ouvrages, puisque vous prétendez l'avoir logé par charité ?

Quant aux registres, si vous avez payé et reçu, vous avez dû en tenir, et si vous refusez de les communiquer, vous donnez fort à croire que M. D. L.... dit vrai, quand il vous accuse de ne les cacher que parce que vos stipulations et les conditions de votre société y sont relatées.

Vous niez, M. Touquet, que vous ayez des comptes à rendre; mais, si on vous montre que vous avez commencé à en rendre, ne sera-t-il pas clair que vous savez en devoir?

Si vous avez raison, M. Touquet, dans votre vilaine affaire contre M. D. L...., pourquoi avez-vous refusé si long-temps de suivre les conseils de vos amis, et de nommer des arbitres qui pussent vous juger sans scandale ?

Si on n'avait rien à vous demander, pourquoi vous êtes-vous enfin décidé à nommer ces arbitres, pour prononcer sans appel sur votre affaire ?

Pourquoi, enfin, après les avoir nommés, avez-vous refusé de signer les copies de l'acte qui les établissait juges ?

Pourquoi, après avoir fait sonder par votre arbitre l'opinion des deux autres, avez-vous décidé qu'ils ne vous jugeraient pas ? leur opinion, qu'ils croyaient émettre en tribunal, étant tous trois juges, vous aurait-elle éclairé désagréablement sur le jugement que vous deviez attendre ?

Voilà bien des pourquoi, sans doute; mais il faut y répondre ou convenir que vous n'avez rien de bon à répondre.

Vous prétendez vous être mis

en règle en *prévenant les libéraux* etc...; mais quelle espèce de libéraux pourraient donner droit à un homme qui n'ose rien avancer qu'en l'absence de son adversaire, et qui refuse d'être jugé par ceux qu'il invite à le croire? Vous faites menacer M. D. L.... de le rendre, s'il parle, passible des peines que vous avez encourues par vos représentans ou répondans devant les cours d'assises ou de police correctionnelle.

Cette lâche menace ne peut pas intimider votre adversaire, qui vous défie de trouver un seul des passages inculpés dans ses manuscrits que vous avez ou devez avoir, puisque votre imprimeur L.... vous les a remis. Ne croyez pas que M. D. L.... ignore assez les lois de son pays pour croire qu'on puisse le rendre responsable des changemens, additions, ou même des pièces entières qu'il vous a plu de lier à ses écrits, soit pour grossir le volume, soit pour rendre l'ouvrage plus piquant à votre goût.

Tenez, M. Touquet, vous avez été fort mal conseillé par votre avidité. Il fallait vous laisser juger par des arbitres, si vous aviez raison, ou vous juger vous-même, si vous avez tort.

CHAPITRE XXIII.

Génie de M. Touquet.

De même que l'appétit vient en mangeant, suivant un proverbe que M. Touquet a souvent trouvé en défaut, le génie de M. Touquet croît à mesure qu'il en use. On en sera émerveillé, si l'on veut bien observer d'où il est parti, et où il est arrivé !

Après avoir commencé comme Sixte-Quint, le voilà presque un César. Son épée et sa plume, voilà les seuls instrumens de la gloire qui le menace. D'abord nous le voyons, enfant docile, diriger et soigner les quadrupèdes confiés à sa vigilance. Mal nourri par ses premiers hôtes, il savait, par des paroles humbles, mais insinuantes, engager le voisinage à réparer les torts de leur parcimonie ou de leur fortune. Il récoltait, en allant aux champs, les secours de la bienveillante charité,

Seràque revertens
Nocte domum, dapibus mensas onerabat *inemptis.*

Bientôt il fait, dans une

imprimerie, son apprentissage d'homme de LETTRES. Successivement *gamin*, *singe*, *ours* et *naïf*, il parcourt lestement et en deux ans l'échelle que tant d'autres ont peine à grimper. L'amour de la patrie l'appelle-t-elle sous les drapeaux, il a le bon esprit d'éviter le petit militaire; il ne hante que les généraux et les états-majors; la paix vient-elle l'exiler des armées, il vient déposer ses lauriers sur un bureau d'huissier: il marche fièrement au palais, parcourt la salle des pas perdus, revêtu de sa robe d'étamine noire;

Et gradiens imà verrit vestigia caudà.

Il est, tour-à-tour, avoué, agent

d'affaires, puis devient lieutenant, puis redevient avoué, puis encore agent d'affaires. Ses exploits en ce genre le font nommer capitaine d'infanterie, chargé des fonctions de quartier-maître. La bravoure qu'il y déploie le conduit à la place d'aide-de-camp; mais, beaucoup moins étourdi que son général, il le quitte au moment où il s'aperçoit que celui-ci se conduit en jeune homme et manque de cette prudence si nécessaire à un chef, et qu'à son défaut doit observer l'aide-de-camp.

Enfin, M. Touquet trouve son vrai ballot; un général goutteux, chargé de rester dans une place forte où il n'a que des ordres à faire copier, une femme à empêcher de sortir, et des factums à composer pour ses procès contre elle. M. Touquet gagne dans ces opérations délicates la croix d'honneur et le poste de chef de bataillon.

Pendant les cent jours, l'usurpateur, qui n'avait aucun goût pour les *exploits* de M. Touquet, néglige ce grand homme; le mépris qu'il en fait paraît une recommandation à M. Fouché, qui le nomme colonel!.... Paul Touquet colonel!

Le nouveau gouvernement n'approuve pas cette promotion; le héros, loin de se désappointer, se fait homme de lettres. On connaît ses belles éditions de Voltaire et de la charte : on va voir incessamment celles de Rousseau, Montesquieu, Raynal et tous les auteurs dramatiques. Mais comme toutes ces opérations ne suffisent pas à son activité, il descend, pour se distraire, à des opérations d'un genre inférieur. Ses tabatières, ses bonbons, ses pipes, sont recommandés de toute part aux amateurs de friandises, lesquels sont nombreux; et à ceux qui fument, lesquels le sont encore davantage.

M. Touquet, placé au milieu de ses bonbonnières, de ses éditions et de ses pipes, comme Mars entre ses faisceaux d'armes, fait au public l'annonce de toutes ses gentillesses, du ton du singe de La Fontaine :

Votre serviteur Gille,
Cousin et gendre de Bertrand,
Singe du pape, en son vivant,
Vient d'arriver en cette ville,
En trois bateaux, exprès pour vous parler;
Car il parle, etc.

M. Touquet trouve dans les bureaux des journalistes des personnes qui se chargent d'annoncer ses parades!

CHAPITRE XXIV.

Esprit de M. Touquet.

On ne connaîtrait pas M. Touquet tout entier, si la plus noble partie de son être n'était pas ici présentée sous son vrai jour. Les traits d'esprit et les inventions qui lui appartiennent ne peuvent pas, sans injustice, être séparés de son histoire.

On a déja vu sa manière de procéder avec M. Bidault, qui lui a fait l'honneur de s'associer à lui pour la confection des Tables arriérées du *Moniteur*. M. Bidault, honnête et délicat comme il est, n'a pas même soupçonné qu'on pût s'occuper de faire, dans une opération de commerce, un bénéfice plus fort que son associé; hé bien, M. Touquet commence par lui compter seize mille fr. un travail qui lui en coûte trois; de façon qu'après avoir pris la plume pour signer, M. Touquet avait déjà GAGNÉ treize mille fr. sur seize. Que l'on juge, par ce petit échantillon, de ce que M. Touquet gagnerait sur une affaire entière, dont la gestion lui serait confiée! L'ouvrage sera bien fait, à la vérité, parce que

M. Touquet a eu le bonheur de rencontrer des gens honnêtes, laborieux et instruits; mais c'est surtout le bon marché que M. Touquet a cherché, et madame Agasse peut remercier son étoile, si elle n'a pas échoué complètement dans son entreprise.

Un autre trait de l'esprit de M. Touquet lui a acquis une grande réputation dans une maison où il a fait des propositions relatives au succès d'un journal projeté. Son secret consistait à procurer à une feuille quotidienne deux mille abonnés en six semaines, Il fallait pour cela lui promettre la direction du journal avec de riches appointemens ; puis lui payer pour préliminaire une somme de cinq mille francs pour la simple exhibition de son procédé.

On trouva la dernière condition un peu dure ; mais l'avantage énorme que l'on eût trouvé à se procurer deux mille abonnés en six semaines empêcha de la repousser en entier ; on se contenta d'y mettre un amendement, qui consistait à ne payer les cinq mille francs demandés, qu'autant que le moyen fourni serait praticable et qu'on se déciderait à en user.

M. Touquet, qui doute de peu de choses, persuadé qu'on allait être saisi d'admiration, dès que l'on connaîtrait ses ressources, adopta l'amendement, et prit jour pour développer sa proposition. Voici le secret qu'il présenta:

M. Touquet, chargé de la direction du journal, devait avoir un ouvrier à lui dans toutes les imprimeries des journalistes. Cet homme lui devait livrer, tous les jours, entre onze heures et minuit, les articles saillans et les nouvelles importantes que donneraient les diverses feuilles. Les ouvriers du *journal Touquet* devaient être doublés depuis minuit jusqu'à cinq heures du matin; et son journal, qui paraissait, à la vérité, un peu plus tard que les autres, avait pour les abonnés de Paris l'avantage de donner le même jour ce qu'il y avait de bon et de piquant dans tous les journaux. Et quant aux départemens, ils auraient reçu vingt-quatre heures d'avance ce que les autres feuilles n'auraient pu copier que le lendemain les unes dans les autres.

On voit par cet exposé que l'idée de seprocurer *gratis* ce que les autres sont obligés de payer est la première qui vienne à l'esprit de M. Touquet. Nous ne nous étendrons pas sur la moralité du projet, les personnes à qui il fut présenté furent assez polies pour ne pas dire à M. Touquet tout ce qu'elles en pensaient; elles se bornèrent à dire que le moyen proposé n'étant pas à leur usage, elles se borneraient à l'oublier. Voilà donc cinq mille francs manqués.

M. Touquet a été ouvrier d'imprimerie. Comment ne sait-il pas que la plupart de ces ouvriers sont des gens pleins d'honneur, qui ne souffrent pas parmi eux les hommes capables d'une infidélité, et que le premier d'entr'eux qui aurait le malheur d'en être soupçonné, serait perdu et ne trouverait nulle part, ni un maître qui voulût l'occuper, ni un camarade qui voulût travailler dans l'atelier où il serait admis.

Nous rendrons cependant à M. Touquet la justice de dire que nous ne le croyons pas capable de faire avec réflexion les plans de cette nature. Le défaut de principes et une tête exclusivement livrée aux spéculations lucratives, le portent souvent à des actes qu'il repousserait peut-être, si des gens plus instruits et plus délicats lui en faisaient sentir la turpitude. Ces considérations nous ont décidé à mettre ce dernier fait sur le compte et dans le chapitre où nous traitons de son esprit.

Le trait suivant est de la même espèce. M. D. L...., en nous le communiquant, avait exigé le secret; mais puisqu'en refusant tout jugement qui ne serait pas public, M. Touquet le force à le plaider à l'appui de ses réclamations et à faire connaître des choses qui, par leur nature, eussent dû rester cachées, ce sera bien M. Touquet lui-même qui les aura publiées, et nous n'aurons qu'avancé de quelques jours la connaissance que le public et les juges en auront prise.

Les entraves apportées par une loi d'exception à la liberté de la presse ont engagé quelques personnes à choisir pour signataires et répondans de leurs écrits, des jeunes gens qu'elles indemnisent par une rétribution convenue des tracasseries et même des dangers qui accompagnent l'émission de certaines opinions. Ces jeunes gens ne font pas de leur intervention entre les auteurs et le ministère public une simple spéculation d'argent ; il en est de fort honnêtes aux yeux desquels le danger qu'ils courent et le but auquel ils tendent, anoblit une action d'ailleurs peu régulière.

Il en est encore, qui, en réfléchissant que par suite d'une publication, qu'ils jugent importante, un homme de lettres utile à la cause qu'il défend, un libraire père de famille, peuvent payer de leur liberté et expier par la ruine de leurs affaires des opinions courageuses et patriotiques, se dévouent aux chances qui les menacent, soit pour épargner à ces hommes intéressans les chagrins auxquels ils succomberaient peut-être, soit pour empêcher que la considération de leur danger n'empêche les uns ou les autres de se livrer à des entreprises utiles.

Nous n'examinerons pas ici ce qu'il y aurait à dire sur une question qui n'existera plus dès que les circonstances qui ont amené le mal auront cessé de l'entretenir ; mais ce qui ne peut pas être une question, c'est la bonne foi qui doit régner dans les stipulations de ce genre.

M. Touquet ne pouvait pas s'expliquer de bonne foi avec celui qu'il voulait prendre pour répondant. M. D. L.... n'ayant jamais voulu consentir à ce qu'un autre répondît de ses écrits et n'en voulant d'autre garant que la mesure qu'il s'était prescrite, M. Touquet, pour être de bonne foi, eût été obligé de dire qu'il était le seul intéressé dans l'affaire qu'il proposait, et personne n'eût été assez fou pour risquer sa liberté au profit de M. Touquet.

M. Touquet sentant qu'il avait affaire à un jeune homme honnête, mais qui ne s'engagerait qu'autant qu'il serait sûr d'être utile aux amis de la Charte et de la liberté, imagina de créer une société considérable par le nombre et par la considération due aux noms qu'il joignait au sien. Un député très-respectable, mais qui a le malheur d'être dupe du patelinage de M. Touquet, l'avait recommandé à quelques-uns de ses collègues; à l'aide de quelques lettres insignifiantes que cette recommandation lui procura, M. Touquet était parvenu à se faire croire en relation avec ce qu'il y a de plus estimable dans le parti libéral, les journalistes surtout l'accueillirent, et le genre de crédit qu'il sut se procurer à force de citer des noms, finit par en imposer à son répondant.

Le jeune homme se dévoua donc dès qu'il crut servir des hommes recommandables par leur considération, leur crédit et leurs lumières; mais l'illusion dura peu, et lorsque M. D. L.... auquel il fit quelques confidences, lui apprit qu'il n'y avait pas un mot de vrai dans les histoires qu'on lui avait faites, et que la plupart des personnes qu'on lui avait dit prendre part et s'intéresser à sa prétendue librairie, n'en avaient pas même connaissance, le malheureux se trouva d'autant plus à plaindre, que, condamné déjà à une longue prison, il était encore obligé de se taire pour ne pas fournir à celui qui l'avait trompé un prétexte pour l'abandonner sans ressource.

Au reste, l'événement a prouvé que M. Touquet avait eu plusieurs buts en prenant pour commis, et pour libraire, un jeune homme forcé, par la nature de ses rapports avec lui, de se taire sur ses opérations, et sur le compte duquel il rejeterait tout l'embarras au moment où M. D. L.... lui demanderait des comptes. Cette spéculation lui réussira-t-elle ? c'est ce que nous apprendra le jugement qui terminera cette affaire.

On connaît à présent l'esprit de M. Touquet, nous devons y ajouter que sa liaison d'affaires avec M. B...... l'a mis en mesure de placer dans les journaux libéraux toutes les annonces qui lui conviennent ; il use de cette facilité pour payer tous les genres de service qu'il demande soit aux auteurs, soit aux libraires, soit à tout autre. Il n'y a pas jusqu'à des avocats qui ne se paient en partie d'un petit mot d'éloge ou d'une recommandation au public.

Si les propriétaires des journaux où se fait louer M. Touquet, étaient pour quelque chose dans ces complimens, nous respecterions la liberté qu'ils doivent avoir de faire ce qui leur convient; mais, sachant de bonne part que des intrigues de bureaux et des coalitions de marchands produisent seules ces étranges apologies de toutes les *niaiseries Touquet*, nous nous permettrons d'engager les libéraux à les prendre pour ce qu'elles sont et pour ce qu'elles valent.

Pour jeter quelque intérêt sur un caractère comme celui de M. Touquet, il ne fallait rien moins qu'un trait du hasard. Ce hasard est arrivé. Pour juger la seule chose qui mérite d'être remarquée, c'est-à-dire l'adresse de MM. B....... à en exploiter les résultats, voyons comme ils y ont procédé, et ce qu'il en a coûté à M. Touquet pour se faire une renommée telle qu'il l'a obtenue.

L'impression à grand tirage de la charte, et le désir de la faire passer dans les mains de tous les Français, était une idée patriotique, et par-dessus monarchique, quoi qu'en aient dit les adversaires maladroits de M. Touquet. Si l'esprit de parti, qui s'est emparé de cet événement, a pu réussir à le présenter sous une face différente, l'homme qui en a eu la pensée, n'en croit pas moins ses intentions à l'abri de tout reproche ; mais cet homme n'est pas M. Touquet, qui, certes, n'y a vu que de l'argent à gagner.

L'auteur de l'idée lui en abandonne tout le mérite, et certes serait bien fâché d'être prôné pour une chose aussi simple. MM. B....... qui, par leur position, avaient les moyens de la faire valoir, s'en sont emparés. Ils ignoraient sans doute que M. Touquet n'était ni l'auteur ni le propriétaire du projet : lui seul eut tort en se permettant d'en traiter sans l'aveu de son associé ; ce tort eut un heureux résultat. La charte à un sol, qui fut tant prônée, n'aurait peut-être pas été annoncée, si l'on eût refusé d'y intéresser MM. B...... Honneur donc à MM. B....... ; mais en conscience où est le mérite de M. Touquet ?

Etonnés eux-mêmes du nom qu'ils avaient fait à leur homme, MM. B....... ont essayé d'exploiter à leur profit cette singulière renommée qui leur appartenait bien ; il n'y a encore là rien de blâmable, et la pensée qu'ils eurent de faire une édition à bas prix de Voltaire, plut beaucoup à M. D. L.... Celui-ci, à la vérité, n'avait pas conçu la possibilité de réduire Voltaire en 15 vol. à 2 fr. le vol., et avec ses idées sur les convenances il ne pouvait guère le concevoir. D'abord il croyait que Voltaire ne devait pas être déshonoré , ni les gens de petite fortune insultés par l'édition infâme publiée sous le nom de *Voltaire Touquet*. Il voulait faire 25 vol., qui, à raison de 3 fr., auraient coûté 75 fr. l'exemplaire.

Au défaut d'admettre ce plan, il demandait que l'on se bornât à imprimer de Voltaire les morceaux qui sont d'un intérêt plus général. Il voulait ensuite que l'ouvrage fût lisible ; que l'impression fût soignée ; que le papier fût beau, comme on l'avait annoncé, et qu'on n'attachât pas une ridicule gloriole à en fournir un volume chaque semaine, ce qui obligeait à s'en décharger sur quatre ou cinq imprimeurs, dont aucun n'avait un intérêt suffisant à donner à l'édition les soins dont elle avait besoin.

Il voulait encore que les épreuves fussent corrigées par un homme un peu moins ignare que M. Touquet, et ne pas voir à l'ouverture du 1er vol. des citations comme celle-ci :

Teste David cum Sybilli,

et mille autres fautes plus graves les unes que les autres. On eut l'air d'adopter d'abord les idées de M. D. L.... et l'on reçut le travail qu'il avait préparé ; mais ensuite M. Touquet jugea qu'il serait plus simple de prendre et de dépecer une édition de *Desoer*, et de donner les feuilles déchiquetées aux imprimeurs, qui les copièrent.

Il est arrivé, de cette façon d'agir, une suite d'inepties, dont la moindre couvrirait d'un ridicule ineffaçable l'homme sur le front duquel il resterait encore de la place pour un ridicule. M. Touquet, entre autres, a fait insérer parmi les notes de son Voltaire, des morceaux qui appartiennent à l'éditeur qu'il a copié, et qu'il a cru être de Voltaire, quoique souvent ils soient des réflexions critiques sur le texte. Voilà le fameux éditeur que MM. B....... n'ont pas rougi de recommander au public dans les feuilles libérales!....

On vient de voir comment M. Touquet a conquis sa renommée littéraire; il l'a gagnée absolument comme ses grades militaires.

Quant à ses entreprises de tabatières, de bonbons, de pipes, dont on a grossi le catalogue de ses titres à la gloire, elles ne sont pas plus de lui que sa Charte; et quoique très-convenables pour le tabletier et le confiseur qui les ont imaginées, on concevrait difficilement que des écrivains estimables aient pu prôner de pareilles jongleries, si l'on ne savait pas déjà que les publications qui en ont été faites sont de purs tripotages de bureau, dont ces écrivains n'ont peut-être pas assez médité les inconvéniens. C'est sur ces inconvéniens que nous nous proposons de les éclairer eux-mêmes, en terminant cet écrit par quelques réflexions sérieuses.

CHAPITRE XXV ET DERNIER.

*Des inconvéniens de la coalition de MM. Touquet et B....... et du genre d'éditions connues sous le titre d'*Éditions Touquet.

On peut avancer, sans crainte d'être démenti, que presque toute la librairie parisienne se plaint du monopole que ces messieurs ont établi sur les annonces des journaux sur lesquels ils exercent quelqu'influence. Il est aujourd'hui connu qu'aux articles près, que messieurs les rédacteurs font et recommandent eux-mêmes, aucun ouvrage n'est annoncé, dans le Constitutionnel, par exemple, si les auteurs ou les libraires n'ont pris avec MM. B...... des arrangemens qui leur conviennent. Il faut presque toujours faire vendre ses ouvrages chez eux, ou les y faire imprimer, ou au moins se lier avec eux par quelque genre d'affaires; dans le cas contraire, malheur à l'écrit, même libéral, qui attend de l'annonce d'un journal répandu une partie de son succès. En vain les rédacteurs eux-mêmes en presseraient-ils la publication, le secrétaire directeur a toujours tout prêts des moyens de la différer, s'il ne peut pas l'empêcher.

Les ouvrages écrits dans le sens illibéral ont à leur disposition tous les autres journaux; mais il n'y a aucune ressource pour les autres, si l'on n'a pas commencé par s'assurer de la bienveillance des frères B.......

Le libraire C..., que tous les libéraux ne soupçonneraient pas exclu de la faveur que ses malheurs et ses principes devraient lui avoir méritée, nous disait dernièrement qu'étant allé au bureau du *Constitutionnel* se plaindre pour la vingtième fois du silence du journal sur un ouvrage en trois

volumes qu'il a publié, quelqu'un du bureau, peut-être plus malin que naïf, lui demanda pourquoi il n'avait pas fait imprimer cet ouvrage chez MM. B.......
Un brave militaire, que tous les rédacteurs du Constitutionnel eussent accueilli comme il le mérite, voulait faire annoncer un livre estimable : il fut durement rebuté par quelqu'un du bureau et se proposait de s'en plaindre aux actionnaires ; mais M. Touquet, auquel il fit part de la dure réception qu'on lui avait faite, se chargea de réparer le mal et fit annoncer l'ouvrage; il y mit pour condition qu'il se vendrait chez lui ; c'est ce qu'il appelle être *presque libraire*.

Au reste, c'est par M. Touquet lui-même que nous sommes instruit des procédés de M. B....... et c'est la difficulté de s'y soustraire qui l'a décidé, dit-il, à faire tout ce que ces Messieurs veulent.

Le mal qui résulte de cet état de choses, pour les véritables intérêts des propriétaires, ne peut manquer de frapper des hommes éclairés.

On établit sous leur nom et avec leur attache un monopole et un privilége aussi contraires aux principes qu'ils professent qu'à la justice qu'ils aiment, et à l'impartialité qu'ils ont promise à leurs souscripteurs.

En permettant que l'on trompe sous leur nom et avec leur attache les lecteurs qui ont mis en eux leur confiance, ils renonceraient à la mériter, et déjà bien des gens ne voudraient pas être recommandés par la même plume qui a recommandé M. Touquet.

Les auteurs qui auraient un grand intérêt à faire annoncer des ouvrages libéraux, ne pouvant y parvenir, seraient peut-être tentés de faire au parti contraire des concessions nuisibles, pour n'être pas repoussés par leurs journaux.

Le bien que l'on dit d'un sot ou d'un intrigant rend incrédule sur les éloges mérités, tout le monde n'étant pas à même de vérifier ce qui appartient aux auteurs, de la feuille et ce qui y est glissé par un commis spéculateur.

Enfin, en considérant sous ses divers rapports la nouvelle fabrique d'éditions qui se prépare, il n'est pas possible que les journaux libéraux s'honorent en la prônant.

On ne croira pas que des hommes éclairés admirent le *Voltaire Touquet*, quand même ils auraient reçu des exemplaires d'*élite*, ainsi que les appelle le nouvel éditeur.

Il n'est ni difficile, ni rare, de donner à meilleur compte que les autres quand on fait beaucoup plus mal qu'eux ; mais cette opération doit déplaire à des gens de lettres ; qui y doivent voir un moyen de faire rétrograder vers la barbarie le bel art qui fait tant d'honneur à l'esprit humain ; et ils ne doivent pas souffrir que leur opinion réelle soit travestie au profit de leurs commis.

Au défaut de considérations prises dans l'intérêt de l'imprimerie, que l'on déshonore, la moralité la plus commune défend de louer des entreprises qui enrichiraient d'absurdes charlatans aux dépens des marchands honnêtes qui ont placé toute leur fortune dans le commerce de la librairie (1).

---

(1) Ne serait-il pas odieux, par exemple, que le *Répertoire Touquet*, qu'on vient d'annoncer, empêchât la

Une édition infâme, comme celle du *Voltaire Touquet*, qui déshonorerait les imprimeurs (1) qui s'en sont chargés, s'ils étaient connus, doit-elle, à l'aide d'un journal estimé, tromper cinq mille souscripteurs et frapper de mort entre les mains de libraires honnêtes et industrieux des éditions beaucoup moins fautives qui encombrent les magasins ?

---

vente de la belle édition stéréotype du libraire *Dabo* ?

(1) Il resterait à décider si l'on peut appeler imprimeurs ceux qui livrent au public des pages à moitié blanches, illisibles, et auxquelles on ferait grâce en les appelant de mauvaises maculatures.

M. Touquet, à qui l'appétit vient en mangeant, a fait insérer dans une Biographie justement méprisée, qu'il était aussi grand guerrier que profond écrivain; ce que nous sommes prêts à certifier comme lui, si cela peut lui convenir. Un homme qui travaille pour lui en plus d'un genre, et dont il se charge de vanter les écrits dans les feuilles libérales, avait essayé de glisser dernièrement dans un petit livre le paragraphe suivant :

« La prodigieuse réputation dont cet officier supérieur a vu couronner ses travaux, l'ayant exclusivement rendu l'*homme du jour*, je pense satisfaire au vœu de mes lecteurs en le leur faisant plus particulièrement connaître, etc. etc. »

Or, pour faire connaître celui dont nous venons de tracer l'histoire fidèle, l'auteur aux gages de M. Touquet nous apprend que son patron s'est distingué par sa valeur à la bataille de la Bérésina, où il eut ses habits criblés de balles et son cheval tué sous lui ; qu'il a soutenu la désastreuse retraite de Russie, et qu'il a commandé à *Wurtsbourg* (où apparemment le général *Turau* était son aide-de-camp), et qu'il a couronné ses exploits militaires par des ouvrages qui fourmillent d'érudition.

Nous offrons de parier que M. Touquet n'a jamais fait de sa vie ce que ses cousins de Domfront appellent *monter sur un cheval.* Les balles russes n'ayant pas pu porter de la Bérésina jusqu'à la rue *Ste.-Avoie* à Paris, M. Touquet n'a pas pu en être criblé, et toute l'érudition de ses écrits, que personne ne connaît, se borne à celle qu'il faut pour faire une édition de la Charte.

Quoique les libraires se soient refusés à permettre l'impression de ces odieux mensonges dans un livre qu'ils avaient acheté, il en est pourtant assez resté pour que les véritables rédacteurs eussent refusé de louer l'ouvrage si monsieur B.... n'eût pas été là.

Nous offrirons donc aux journalistes libéraux cette dernière considération qu'ils sont faits pour apprécier. Que réserveront-ils aux véritables braves et aux gens de lettres laborieux, s'ils souffrent que leurs commis répandent, sur des histrions, les éloges dus à la valeur et aux talens?

LETTRE

De M. D. L.... à l'auteur (1).

J'ai lu, mon cher Monsieur, le Touquetiana. Je ne puis vous blâmer et n'ose vous féliciter de vous être occupé de cette histoire, à laquelle j'avais renoncé. Mais puisque vous avancez tenir de moi la plupart des faits que

(1) Nous recevons cette lettre au moment où on finissait l'impression de cet écrit.

vous citez, je dois à la vérité de dire que non-seulement je vous les ai fournis moi-même, mais encore que je m'en rends garant envers qui de droit.

J'ai retrouvé M. Touquet, il y a un an à Paris : c'était une connaissance de 25 ans. Je l'ai trouvé gros et gras, et plus heureux que je ne l'avais vu jadis; je lui en ai fait mon compliment, et voulais l'engager à prendre quelque chose chez un restaurateur. Je fus refusé, à ma grande surprise; il craignait, me dit-il, de perdre l'appétit, devant être ce jour-là d'un grand dîner. Son excuse redoubla mon étonnement. Je l'avais vu autrefois travaillé d'une inquiétude très-différente; et loin de craindre de perdre l'appétit, il tremblait de ne pas trouver à s'en défaire. Au reste, j'étais charmé de l'heureux changement opéré en sa faveur, et renouai connaissance avec lui. Le compte que vous rendez de sa conduite avec moi est très-fidèle, quoiqu'incomplet.

Je suis fâché que vous ayez parlé du jeune homme qui s'est rendu son répondant ; mais, comme vous l'observez fort bien, je suis obligé de demander que ce jeune homme soit entendu dans le procès que nous allons avoir ensemble en réglement de comptes, et je n'ai pas promis à M. Touquet d'entendre à sa manière le mot *délicatesse*. Il serait le premier à me siffler, si dans un procès je mettais la mienne à taire des faits qui intéressent mes moyens, et que son défaut de délicatesse et de pudeur m'oblige d'alléguer.

Au reste, j'ai non-seulement le droit, mais le besoin, de consulter sur les moyens d'introduire l'action à laquelle on m'a forcé. J'aurais pu et dû publier un mémoire à consulter, où il aurait fallu relater tous les faits de ma cause. Le récit que vous faites, tout incomplet qu'il est, sera mon *Mémoire à consulter*; il instruira les jurisconsultes et les juges, il redressera les fausses idées que M. Touquet a répandues sur notre affaire ; et sous ce rapport, je dois l'avouer et le soutenir.

On vous parle, dites-vous, d'un M. Touquet qui se croit compromis par ce qu'on lui a dit devoir être publié par vous, et se dispose à vous demander raison des faits que vous alléguez, et qui, dit-il, lui sont aussi étrangers que nouveaux : vous ne vous laisserez pas intimider par de pareilles menaces. Il est possible, qu'en effet il existe d'autres *Touquet* que celui en question ; il est encore possible que l'un d'eux soit parent du nôtre ; il y a plus, il pourrait être son frère et être fort estimable (celui de *Piron* était une bête) ; mais si ce monsieur est étranger aux faits dont vous parlez, ce n'est pas de lui que vous avez parlé : s'il ne s'appelle pas *Paul Touquet*; s'il n'a pas sur ses épaules mon garrick bleu, il n'a pas le droit d'intervenir dans ce que vous dites à un autre. Il faut encore qu'il soit de *Domfront*, car vous avez eu tort de laisser planer le soupçon sur les environs d'Evreux, qui sont très-innocens du fait de l'existence de M. Touquet; d'ailleurs son portrait est là qui décide la question.

Je sais qu'on me menace de tous côtés et de procès et de dénonciations, et de diatribes dans les journaux de toutes les couleurs. J'ai réfléchi au prix que l'on mettait à mon silence ; et puisqu'il faut plaider, qu'importe un peu plus ou un peu moins de bruit !

Je vous embrasse,

Signé D. L....

FIN.

TABLE.

FIN DE LA TABLE.

www.ingramcontent.com/pod-product-compliance
Ingram Content Group UK Ltd.
Pitfield, Milton Keynes, MK11 3LW, UK
UKHW021044220726
13924UKWH00005B/2006

9 782019 295356